语文课堂教学优化策略

朱秀明 著

群言出版社
QUNYAN PRESS
·北京·

图书在版编目（CIP）数据

语文课堂教学优化策略 / 朱秀明著. -- 北京 : 群言出版社, 2017.9

ISBN 978-7-5193-0369-3

Ⅰ. ①语… Ⅱ. ①朱… Ⅲ. ①中学语文课－课堂教学－教学研究－初中 Ⅳ. ① G633.302

中国版本图书馆 CIP 数据核字 (2017) 第 297117 号

责任编辑：王 聪
封面设计：胡金霞

出版发行：群言出版社
地　　址：北京市东城区东厂胡同北巷1号（100006）
网　　址：www.qypublish.com（官网书城）
电子信箱：qunyancbs@126.com
联系电话：010-65267783　65263836
经　　销：全国新华书店

印　　刷：成都新千年印制有限公司
版　　次：2018年2月第1版　2018年2月第1次印刷
开　　本：880mm×1230mm　1/32
印　　张：6.5
字　　数：151千字
书　　号：ISBN 978-7-5193-0369-3
定　　价：28.00元

目　录

CONTENTS

下篇　语文课堂教学内容的优化策略

上 篇

语文课堂教学要素的优化策略

第一章　课堂教学设计要素的优化

第一节　教学目标——语文教学的港湾

教学目标是指教学活动的主体在具体教学活动中所要达到的预期结果。教学目标具体而精确地体现了教学过程结束时教师和学生共同完成的教学任务，由于它是预先设定的，故而也是衡量教学任务是否完成的标准。

《全日制义务教育语文课程标准实验稿》（以下简称《语文课程标准》）对语文教学提出了新的要求。课程标准所确定的课程目标，无疑是教师们制定教学目标的根本依据，而课程标准所展示的全新的教育观念和全新的教学内容，无疑会给多年来在旧路上走惯了的语文教师以前所未有的冲击，语文教师必须改变旧的教育理念，必须改变以往教学目标设计的封闭模式，取而代之的是新的教育理念和新的教学目标设计。

教学目标反映了一定时期社会对受教育者的基本要求，对各级各类学校教育有着总体的指导作用，因而具有高度的概括性。

一、教学目标的分类

教学目标应该明确、具体。布鲁姆将教学目标分为认知、情感和动作技能三类，又从较低层次到较高层次分为若干层次。比如《背影》的目标可做如下分层。

1. 认知目标（其中渗透技能目标）

知识：了解朱自清的概况与主要著作，掌握本文 16 个生字新词。

理解：体会本文细节描写的精妙。

评价：体会本文借助父亲背影串联情节的技巧。

运用：掌握本文行文的思路。

2. 情感目标（其中渗透技能目标）

知识：了解本文表达的父子深情。

理解：掌握本文细节描写的美感。

评价：体味并准确理解用细节串联情节表达情感的美妙。

运用：掌握本文以真情、真感著真文的特点。

以上只是从内在心理变化的角度所做的分层，这要比原先的“体味并准确理解文章所表达的父子深情；学习平实的语言；体会细节描写”具体和清晰多了。但是，由于这个目标只是从心理变化的角度所做的描述，不便于观察和测量，所以还要将内部过程与外显行为结合起来表述。学习的实质是内在心理的变化，即内在能力和情感的变化，而内在心理变化，如：感受、领会、理解、欣赏、体验、热爱、尊重等，不能直接进行测量和评价。对此，格朗伦提出的内部过程与外显行为相结合的方法很有借鉴意义。这种方法是列举反映内在心理变化的行为目标，以对内在心理目标的具体变化进行观察和测量。如：《背影》的教学目标可以这样表述（认知目标、情感目标和技能目标渗透整合）。

知识：了解作家、作品，掌握生字新词（内在心理变化）。搜集阅读有关资料，陈述朱自清简介及其主要作品，其中包括“民主战士”、《游杂记》等；会读会解文中16个生字新词（外显行为表现）。

理解：理解生动传神的“背影”、细节描写的美感（内在心理变化）。

诵读课文，找出行动传神的细节描写，对重点动词美感的理解（外显行为表现）。

综合：体味并准确理解文章所表达的父子深情（内在心理变化）。

诵读，默读课文，依据课文顺序找出最令你感动的文字，并描述你被感动时的真实心态，其中应有“父亲”怜子亲自买橘的过程，善解人意的情真意切，尤其是作者面对“父亲”背影“泪很快地流下来”的深层原因（外显行为表现）。

运用：掌握本文借助父亲背影串联情节以真情、真感著真文的特点（内在心理变化）。

反复朗读、默读、齐读课文，找出四处关于“背影”的描写和作者三次“落泪”情感之间的内在联系，其中应有“语言的朴实无华”“细节的细致入微”“情感的真挚”“事情的真实”“观察的仔细”等（外显行为表现）。

这样，将内在心理过程与外显行为结合起来表述，目标就非常具体、明确，既能发挥教学目标对教学实践的引导作用，又便于对学习结果进行观察、测量和评价。但是，这些目标只局限于对课文的解读，还很难对学生的语文素养和生命发展起到创生作用。所以，教学目标要着眼于学生的发展和成长。

活动：体验感人至深的亲情美和真情真感著真文的写法（内在心理变化）。

选读一篇或几篇写“父亲”的散文，可以将上面学到的知识和技能付诸运用，此时师生若能在一起回忆各自父亲对自己的关心并满含着情感进行讲述，将会使师生沉浸在浓浓的父子深情中，然后再选择那些铭记于心的生活片段记录下来，则达到认知、情感、技能都能得到发展的教学目标。再如：学习了《卖炭翁》，让学生写《炭被抢走了以后》；学习了郦道元的《三峡》，写《郦道元 2003 年再游三峡》；续写《皇帝的新装》；改编《麦琪的礼物》为剧本；等等，都能使学生得到较大程度的发展。

以上介绍的目标分类理论对我们制定教学目标有着重要的指导意义，但在具体应用时，应当考虑到语文学科知识自身的体系特点，同时还应当考虑到文化传统的差异，结合我国的国情，不能生搬硬套。

二、教学目标的组成

一个完整的教学目标应当由四个部分组成，即教学对象、表达学习结果的行为、表现行为的条件、学习程度。

1. 对象

在制定教学目标时，首先要明确教学对象，即说明教学目标是针对谁提出来的，目标的对象可以是全班学生，也可以是部分学生。

2. 行为

说明一个课程后应获得怎样的知识，形成怎样的技能，产生哪些行为等，这是目标的基本成分。目标必须是可观察到的，必须用能精确、具体地描述行为的动词来表达。描述行为的方法是使用一个动宾结构的短语，行为动词说明学习类型，宾语则说明学习内容。例如："……解释……的含义"。

3. 条件

条件是学习者表现行为的情景因素，它指出了学习过程中学生行为表现的条件，包括环境因素、人文因素、设备因素、信息因素、时间因素、问题明确性的因素等。

4. 程度

教学目标中的程度指出了学生成绩的最低水准，并使教学目标具有可测性。它与"好到什么程度""精确度如何""完整性如何""在什么时间内""质量要求如何"等问题有关。例如："……记住……主要部件名称""……至少正确解答的题目"。

在一个教学目标中，行为的表述是基本部分，不能省略。相对而言，条件和程度是两个可选择的部分。因为：①教学中并不是在任何情况下都要强调特定的条件，例如"背诵课文第三小节"。②教学中达到的效果不必都用定性或定量的词来精确地表达，例如"能运用'绚烂''锐不可当'等词语造句"，由于教学面对特定的班级和学生，只要不是特别强调某一部分学生作为教学目标要求的对象，就没有必要写出来。

三、教学目标制定的优化策略

1. 全面设计教学目标

全面设计教学目标，不能只注重知识领域的目标，而忽视其他领域的目标。教学目标是依据课程目标来设计的，课程目标应贯穿和体现于教学目标之中。因此，教学目标的内容范围与课程目标应该是一致的。

具体可分为三个领域：知识与技能、过程与方法、情感态度与价值观。

知识是指事实、概念、原理、规律等，技能是指动作技能以及观察、阅读、计算、调查等技能；过程与方法是指认知的过程和方法、科学探究的过程和方法、认知过程中人际交往的过程和方法；情感态度与价值观特别强调的是在过程中获得和应用知识、学习和运用科学的价值观，一般包括对己、对人、对自然及其相互关系的情感、态度、价值判断以及做事应具有的科学态度、科学精神。在制定教学目标的范围时，一定要全面考虑这三个领域，不可有所偏废。但在具体的每节课时中，教学目标又要有不同的侧重点。

2. 根据学科教学点制定适当的教学目标

根据课程标准、教学参考书和教学的实践经验，认真分析教学内容，将教学内容分解为明确可见的小知识单元及能力要求点，每一个教学点应当对应一条教学目标。根据学生的知识基础和能力水平，根据教学目标分类法，确定每条目标的层次要求，不能以课程的具体内容标准代替教学目标。

课程的具体内容标准是课程目标的具体化，但它不是详细、具体的教学目标。因此，不能以具体内容标准来直接代替相应的教学目标，而应依据课程目标、课程具体内容标准和教学实际来设计教学目标。

3. 提出的目标要明确、具体

教学目标只有提得明确而具体，才有利于教师正确地选择教学方法，妥善地组织教学过程，准确地评价教学水平，也能使教师将教学的意图清楚地传达给学生，让学生主动地把握自己的学习过程。明确、具体的教学过程可以达到具体的学习结果，可以正确理解和把握学习水平要求，可以准确选择和使用行为动词。课程标准中给出了“学习目标的说明”，阐明了各目标水平的要求，列举了各目标水平对应使用的行为动词（设计目标时不限于列举的动词范围），教师应在深入理解和把握学习水平要求的基础上，选择和使用相应的行为动词。在分析具体内容标准中的目标水平时，一般可以通过描述“标准”的动词来判断其学习水平要求，避免使用诸如“了解”“掌握”“熟练掌握”等词，因为这样的词缺乏质和量的具体规定性，应使用较为适应的词如“写出”“列举”“比较”“分类”“从几个项目中选出”等。

由于学生的态度和情感很难用行为术语来描述，所以在制定教学目标时，一般不将其作为主要的评价点，态度、情感目标只能在一定的情境中，用可观察到的表情作为评价的依据。

4. 正确处理教学目标设计与实施教学目标之间的关系

一方面，课堂教学中要实施、落实教学目标，不仅要求教师设计出合理的教学目标，而且还必须紧紧围绕教学目标来精心选择和组织教学内容，设计相应的教学策略和进行教学评价。这样，才能保证教学目标落实到课堂教学中。另一方面，教学目标设计是以分析的方式进行的，即按照三个领域分别设计出若干个目标。在实施教学目标时往往是将目标综合在一起进行的，目的是为了全面具体地把握教学目标，综合地实现教学目标。

5. 教学目标要具有一定弹性

根据课程标准的要求，应从宏观上把握一个阶段中对学科教学规定的基本标准（下限）和最高标准（上限），使教学目标不至于偏低或超标。教学目标的下限，是每一个学生都必须达到的教学要求，它可以使学生了解达到怎样的水平才能算是基本合格。教学目标的上限是为学有余力的学生设定的最高教学标准，对学生起着激励和指导作用。教学目标的制定既要有统一的要素，又要注意适应个别差异，使其具有一定的弹性。

四、正确处理目标制定中存在的三个问题

教学目标的制定看似简单容易，不值得深究，实际上用新课程理念来考查，就会发现教学目标存在着不少问题。

1. 草率盲目

就是指兴之所至，不假思索，或参照教参一抄了之，或仅凭感觉随意而定，缺乏准确性、系统性与渐进性。如：只要是揭露性的文章，就定为“认识……社会的罪恶”；只要是歌颂类的文章，就定为“学习……精神”。教学目标的制定是科学性相当严密的工作，不能这么随便草率。

2. 大而空，笼统模糊

对学生学习缺乏明确的指导，许多教学目标里充满了“学习”“认识”“了解”“体会”等要求，这些要求到底在多大程度上能达到或不能达到？其中每一个要求经过哪几个阶段或层次，都很难操作、观察。如：将《藤野先生》的教学目标定为“学习鲁迅，了解鲁迅的思想和文章风格”，这样，未免空洞模糊。一般而言，课程目标应该明确、具体。如果笼统模糊则无法落实。

3. 停留在认知层面

就是说不能将学生智慧、情感、意志上的发展和成长放在重要地位。传统教学目标大都是一个个肤浅的、答案明显的、没有思考价值的知识性问题，这是造成封闭、机械、僵化教学的主要原因。一位教师教《回忆我的母亲》一文时，总共列出十道练习题，带领学生做完这十道题，教学就结束了，学生连课文都没来得及细细读一遍，更不要说情感上、心灵上有多少变化和成长了。所有这些都使教学失去了明确的标准，导致了教学的肤浅、低效和失控，也给教学的测量和评价带来了极大的困难。

学习目标最好让学生自己制定。教学目标的制定不应该是教师的“专利”，既然它是预设的学生学习结果，而且学生是学习的主体，就应该让学生自己制定。学生的个体性本身就是教学的目标，个性化的阅读和学习是新课程理念下教学的一种境界。教学目标是这种境界的一条必经之路。因为有个性才能培养个性。“自主寻找学习目标，确定学习重点，摆脱‘引导’‘提示’‘评点’等各种预先设定的框框束缚，发挥学生的主体作用，真正做学习的主人。”一位教师教学生鲁迅的《风筝》，让学生自读课文、提问题、定目标。在学生提出的几十个问题中，教师发现“教材中的‘我’是不是一个自私自利的压迫者？”这一问题很有价值，于是让学生围绕这个问题再读课文，并且从课文中找论据，写发言稿，进行辩论，最后又让学生以《漫谈〈风筝〉中的“我”》为题整理发言稿写篇文章。这样，教师没有讲读课文就结束了教学，整个过程完全是从学生为主体，辩论激烈，最后写的文章大多都很有质量，教学效果特别好。

一开始学生可能不会制定学习目标，但教师可以帮助学生制定，一旦学生学会制定学习目标，其学习能力就会大大提高。“不需要教”的教学理想境界就会实现。

第二节　教学资源

——开掘丰富多彩的语文课程资源

新课程改革明确提出了课程资源的概念，因为越来越多的人认识到，没有课程资源的广泛支持，再美好的课程改革设想也很难变成实际教学成果，课程资源的丰富性和迫切性程度决定着课程目标的实现范围和实现水平。

一、课程资源的含义

课程资源是指形成课程的要素来源以及实施课程的必要而直接的条件。现实中的许多课程资源往往既包含着课程的要素来源，也包含着课程实施的条件。如图书馆、博物馆、实验室、互联网、人力和环境等课程资源。

二、课程资源的划分

课程资源可以划分出许多不同的类型，但目的都是要帮助厘清课程资源的基本概念框架，加深人们对课程资源的理解。

按照课程资源分布的不同，大致可以分为校内课程资源和校外课程资源。凡是学校范围内的课程资源，就是校内课程资源，超出学校范围的课程资源，就是校外课程资源。校内外课程资源对于课程的实施是非常重要的，所以我们一方面要最大限度地利用学校内部的课程资源，另一方面也要加强利用校外的课程资源，帮助学生与学校以外的环境打交道。

三、充分开发利用校内课程资源

1. 利用教材这个重要的课程资源

教材作为重要的课程资源，其开发和利用的重点是研究和学习教材。教材不仅仅是学生学习语文知识，提高语文能力的载体，还承担着丰富学生生活经验，提高人文素养，培养创新精神和实践能力，养成良好的学习习惯等诸多任务。因此，在课堂教学中要倡导自主、合作、探究的学习方式，让学生借助教材这个例子，能主动地理解和体验，能有所感悟和思考，并获得情感熏陶和思想启迪，使学生通过对教材的学习领悟到教材以外的东西，从而获得学习方法，形成正确的学习态度和习惯，综合提高语文素养。

2. 抓住生活这个语文学习的源头活水

语文学习是生活中无时无处不在的，或者说语文学习就是在生活中进行的，语文知识就是在生活中生成的，语文能力就是在生活中培养的。生活就是语文学习教育的源头活水。

课程标准提出了开发语文课程资源的命题，倡导“语文课程应植根于现实”，不要膜拜于语文课本之下，将课本与生活隔离，将语文学习与生活隔离，要运用教材去教，而不是去教教材，要架起语文与生活的桥梁。以生活为源，语文为流，源远流长，这是语文老师强化资源意识要确立的第一理念。古人有“读万卷书，行万里路”之语，今有“大语文教育观”之说，说的都是语文与生活的紧密联系。新课程提出“语文课程资源”这一概念，还明确了这一概念的外延：语文课程资源包括课堂教学资源和课外学习资源。例如：教科书、教学挂图、工具书、其他图书、报刊、电影、电视、广播、网络、报告会、演讲会、辩论会、研讨会、戏剧表演、图书馆、博物馆、纪念馆、展览馆、宣传栏、各种标语广告，等等。自然风光、文物古迹、民俗风情、国内外和地方的重要事件以及日常生活话题等也可以成为语文课程资源。这是一种继承与创新，它要求语文教师要有极强的资源意识，关心生活，热爱生活，投身生活，在生活中构建起个性化的语文资源体系。

3. 重视学生这个不可忽视的课程资源

教师要善于利用学生掌握的、丰富的社会生活信息。学生获取信息的渠道是多种多样的，教师要善于把学生已掌握的和能够发现的信息作为课程资源，以使教学内容更加丰富，更贴近生活实际，更贴近学生的兴趣爱好。

教师要善于利用学生富有个性的思维方法、情感体验等。学生的思维方法、情感体验千差万别，在新课程实施过程中教师应尊重和珍惜每个学生充满个性的思维方法和情感体验，并善于把这些思维方法和独特体验作为课程资源。

教师要善于利用学生多样化的探究成果，将学生多样化的探究成果作为一种课程资源，会使学生不仅在知识能力方面得到提高，而且在思维方法方面也能得到充分发展。如：对文本的多元化理解，对文题的多角度构思、立意等。所以，学生是学习的主体，也是一种可贵的资源，作为教师应善于利用与转化。

总而言之，语文教师在积极开发语文资源的同时，要分析自己所拥有的资源优势，寻找合适的切入点，确定一个抓手，本着有用实效的原则，形成自己的语文资源开发特色；要慧眼识珠、关注生活，发现生活中宝贵的语文资源；要让学生更多地直接接触语文材料，在大量的语文实践中掌握运用语文的规律；要有开放的心态、开放的行动，教室是实验室，社会是大课堂。语文教学应走出教室，亲近自然，拥抱生活，在实践中不断开发和利用语文资源。

第二章　课堂教学环节的优化

第一节　教学导入——使课堂教学更精彩

教学导入是教师在实施课堂教学时的第一步骤。传统教学观念认为，教学导入就是课堂这一戏剧的开场白，是连接新知和旧知的桥梁。

其实，教学导入是个常说常新的话题。随着新课程的全面实施，新课程的理念已经被广大教师和学生所接受。新课程理念把教学设计、教学策略当作教学的系统工程。如果我们用新课程的这一理念重新认识教学导入的话，那么，我们就不难发现，教学导入已不再是单纯的教学过程和形式，而是作为一种教学策略、教学方法和手段，甚至是一种教学技能存在着，是教学实施过程中不可或缺的一个环节。

教学导入是一种策略，一种方法，一种技能。我们应该重视教学导入，研究、挖掘、运用好教学导入。那么，如何更好地发挥这一环节的作用呢？

一、教学导入的类型

教学导入作为教学的一个特殊环节，它既是一个独立的要素，又对其他课程要素起着重要作用。所以导入的方法也不仅因课程内容的不同而不同，还根据学习主体的特点需要、具体学习环境等诸多要素的不同而不同。

1. 按照导入的载体分类

（1）语言描述式

这是最直接、最常用、最简洁、最有效的方法。如：常用的提问式、介绍解说式、描摹渲染式、解题式、故事引入式等，甚至包括教具导入，即兴演说也都是借助语言这一中介实现其作用的。

（2）实物直观演示式

通过具体实物教具、录像影视材料的演示，直接诉诸视觉，使学生由感性的认识过渡到理性的认知。

（3）音乐渲染式

借助歌曲和音乐，陶冶性情，渲染气氛，激发情感。

（4）情境表演式

教师本人或学生表演某种情境，使学生快速进入教学情境中。

2. 按照导入的技巧分类

（1）开门见山式

无论是语言描述，还是教具演示、人物表演，都直接进入课程内容，简洁入题。

（2）温故引新式

提问叙述相关旧知，以旧知为前提，揭示旧知与新知的联系，以旧引新。

（3）设疑引思式

设置悬念，引人注意，集中思维，使学生产生学习动机。

（4）启发思维式

引导学生开启思维，快速进入教学状态。

3. 按照导入的作用效果分类

（1）引发趣味式

了解学生心理特点，选择学生感兴趣的话题导入新课，使他们产生学习的强烈动机。

（2）调动情感式

运用适当手段，让学生的情感迅速与作者的情感相接，为达成共鸣做铺垫。

（3）激活思维式

抓住学生的思维兴奋点，用热门话题导入新课。一石激起千层浪，激活拓宽他们的思维。

（4）提高审美式

用诗意的语言、和谐的音乐导入新课，使学生愉快身心，提高审美水平。

二、教学导入的原则

教学导入在教学中的作用应得到重视。教学导入的运用应该遵循以下原则：

1. 目的知识的导控性原则

教学导入的每一个细节词句都应该为完成本节课的教学任务服务，为学生快速进入学习状态服务。同时，要注重知识的占有量。

2. 关联层递的启发性原则

导入必须注重知识的连接性和层递性，启发学生的思维，才能真正实现作用。

3. 直观概括的简明性原则

只有简洁明快，才能使学生迅速进入预定轨道。

4. 时效创新的灵活性原则

注重学科渗透，灵活运用导语，才能更好地显示导语的活力。

5. 趣味生动的审美性原则

优美的诗词，生动的画面，往往会打开学生的心灵之窗。

三、教学导入存在的问题

随着教学技巧策略在教学中地位的提高，教学导入越来越被教师重视。但在运用导入环节时，也不乏存在一些问题。

1. 过分渲染，主次不分

一位教师在讲授《空城计》时，大讲特讲诸葛亮，从“躬耕南阳”到“安邦天下”，结果占去十多分钟时间，冲击了本节课的重点。

2. 多媒体运用不当

一些教师过分注重用多媒体展示场景，限制学生的思维和想象，而文学语言的描述给读者带来的意境更有意味。

3. 缺少目的性，偏离中心

如：《木兰诗》的教学导入，如果从木兰生活的社会中男女不平等的事实导入，虽然和故事的内容相关，但偏离了本课中心，甚至会影响学生对主题的理解。

4. 缺少沟通，教师自我陶醉

我们在听各级各类的公开课时，经常会看到这样的场面：教师在导入时眉飞色舞、口若悬河，或慷慨激昂，或情意绵绵、泪光莹莹，但学生却无动于衷。这样的导入缺少了和学生的沟通，很难引起学生的共鸣。

要想解决以上问题，一要遵循教学导入的设计原则，精心设计导语；二要提高教师的素质；三要灵活运用导语。这样才能真正发挥教学导入的作用。

教学导入的设计是一种教学艺术，虽然有其原则性和一般方法，但不可能有固定模式。再加上学生、教学情境都是多变的原因，教师的创造力也是无穷无尽的。教无定法，教学导入也是如此。但无论怎样，把学生引进适当的教学情境中去，才是教学导入的根本所在。

第二节　主题探究——让学生收获探究的乐趣

阅读是当代人了解社会、学习知识的重要途径，阅读能力在这个信息时代日渐被人们重视。阅读是语文学习的一个重要组成部分，阅读能力的最低层次要求是准确、快速捕捉文章的内容，正确理解文章的主题。那么，什么是文章主题呢？主题即指文学艺术作品中表现出来的中心思想，是作品思想内容的核心。新课程中的教学理念已明确了学生自主、合作、探究的学习方式，对于阅读的学习者和教师来说，更应该注重培养学生探究的习惯、方法。理解文章的主题，也要在探究上下工夫。

一、主题探究的目的

新课程为我们确立了知识与能力、过程与方法、情感态度与价值观三位一体的教学目标。主题探究课在以此为方针的前提下，针对这一环节的特点，应确立如下目的：

1. 培养学生自立、合作的学习方式

通过主题探究，让学生主动获取文本及相关信息。主动分析、整合获取的知识，积极参与探究活动，能够和同伴交流探究结果，倾听同学对主题的个性理解，拓宽个人思维。互助合作，共同解决疑难问题，使学生在学会知识的同时，学会合作。这也是21世纪人才必须具备的素质。

2. 培养学生探究的习惯

探索是一种思维，更是一种习惯。人的大脑可以开掘的区域很多。积极思维，勇于探索，才会更好地挖掘潜能。语文课在探究主题方面应该为开掘人的大脑潜能提供平台。对已接受的文本信息，如：情节、人物，包括每一个细节，小到一个词，甚至一个标点，从中探究出流露作者主观倾向意图的内容，最终使探究不仅成为主题的思维模式、习惯，更重要的是成为一种乐趣。

3. 培养学生欣赏的态度

探究主题的过程，实际上是欣赏作者使用哪些内容和技巧把意思表达清楚，把感情表达充分的过程，更多时候是对作者的认可和欣赏。久而久之，学生就会以一种欣赏的态度去阅读文本，培养自己用欣赏的态度去对待生活，形成积极的人生观。

4. 培养学生怀疑的精神

在探究主题的过程中，学生往往会对文本的某些情节和写法产生疑问。如这个情节真实吗？为什么这样写等问题。怀疑之后，继续探究，去伪存真。这一过程，无论是肯定了自己的观点，还是否定了自己的想法，都会使学生有很大进步。因为评价自我本身就是一种学习。在探究过程中，学生们在交流合作时，彼此间往往产生不同意见。怀疑对方意见是否正确，就要探究其原因，寻找根据。这样，形成了怀疑—探究—怀疑这种良性循环的思维轨迹。

5. 培养学生的创新意识

培养创新人才，首先要培养学生的创新意识。只有具有创新意识的人，才会去努力培养创新思维。探究主题的过程，是学生个体阅读的过程。探究的结果也往往融入了个性化的思想，有时甚至流露出个性再创造的痕迹。如在探究《斑羚飞渡》的主题时，有位同学提出，在赞美斑羚奉献精神的同时，也指出人类的无情、残忍，唤醒人们学习这种精神的同时，也让人们懂得与动物和谐相处。

二、主题探究的原则

1. 尊重文本材料

任何主题探究都应该依托文本，不能架空探究，背离文本创作意图。

2. 鼓励学生发表独立见解

探究过程中，要让学生勇于探究，鼓励学生大胆发表自己的看法，增强探究信心。

3. 倡导自立、合作的探究方式

只有真正采用自主、合作方式，才能最终达到探究目的。

4. 主张师生平等对话

教师和学生处在平等地位，应该共同探究，平等对话，教学相长。

5. 实施“三位一体”目标

既注重积累知识，又注重培养能力。探究的过程和方法会使学生获取学会学习的好方法，养成探究的好习惯。在探究作品主题、作者情感倾向的同时，对学生的人生观、价值观、情感态度也是一种潜移默化的影响。

三、主题探究的方法

主题探究是阅读的关键，贯穿阅读教学的始终。任何抛开主题、单独去分析某一方面的做法都是片面的。如果说阅读的过程是“整体把握—具体品味—总体归纳”的话，那么，主题探究同样需要这三个阶段。

1. 整体把握，贴近作品，走近作品

首要的是搜集、整理好作者材料及写作背景资料。作品中往往寄托着作者写作时的情感倾向，流露出作者本人的个性意识。因此，掌握好相关资料，对于探究主题来说，是理性的准备阶段。这些可在课前预习中完成。

2. 具体品味，走进作品

有很多文本的主题很含蓄，初读文本，整体感知，不一定就能够深刻理解作品的主题，这就需要从篇章布局、文法辞藻等方面细致品味，才能读懂文字的言外之意、章法的弦外之音，才能透过文字去体味作者情感，去把握文章思想。如：《故乡》开头一段中“远近横着几个萧索的荒村”，这里的“横”字表达了当时农村破败萧条的景象，折射出农村经济更加衰败的意思。

3. 总体归结，走出作品

当你从整体和细处探究了作品主题后，如果只停留在探究

结论上，那也只能是理解了这一篇的主题。学习语文不是学习一项知识，而是学习一种技能。所以，还应从作品的全局出发，站在语言表现方法的角度去审视所探究的文本，总结各种技巧的运用对表现主题的作用，甚至继续探究作品中表达不当的地方。探究时设计一些和名家商榷等相似的环节，搭建再探究的平台，达到走出作品外探究作品的高度。

四、主题探究中存在的问题及解决方法

新课程语文课主题探究主要解决以下几个问题：

1. 教师先入为主的观念确需改变

有很多教师在探究前就已经把主题暗示给学生，致使学生的思维受到暗示，制约了探究的空间，没来得及探究就差不多有结论了。这就需要教师转变观念，放开手脚，真正让学生自己去探究，少一份顾虑，多一份信任。

2. 教师的研究水平亟待提高

教师应该成为探究的先行者，应该熟练把握教材的每一处细节，尽可能多地预设探究中学生可能出现的思维。教师应该扮演两种角色，一方面要求自己站在高处，站在远处，统领探究的全局，能够运筹帷幄，决胜千里之外。另外一方面要求自己站在低处、站在近处参与探究，学会倾听，学会欣赏，学会鼓励，正确指导、评价学生的探究结果。

3. 教师无原则肯定的做法亟待纠正

探究是为了求实，有些问题是开放的，不只是一种答案，

但大多数情况下，文章的主题是鲜明的，它融入了作者的思想倾向和情感因素，是非爱恨是较鲜明的。现在有很多教师对学生的探究结果不予评价或无原则肯定，这种做法很危险。因为语文学科不仅使学生了解是非，更需要学生分辨善恶美丑，尤其是主题，更体现了这一点。只有给学生一个正确的评价，才能培养其正确的人生价值观和良好的思维品质。

主题是文本的核心，主题探究是语文阅读的核心。因此，主题探究是语文教学中需要永远不变的主题。

第三节 强化巩固——促进学生达成目标

语文教学要促进学生思维的发展，就应当培养学生的问题意识。只有成功地使学生对语文课本产生疑虑、提出问题的教学，才能真正调动学生探究性学习的积极性，才算是真正以学生为主体，着眼于学生终身发展的优秀教学。教师要努力设置问题情境，激发学生的学习兴趣，促进学生的思维发展，为学生架桥、铺路，促进学生达成目标。所谓问题情境，顾名思义，就是教师利用各种教育技术手段，整合教育资源，精心创设教学环境，设计教学思路，以问题为驱动而创设的学习情境，能形成各种情境性“刺激”的“教学事件”，它以问题作为“刺激”因素，把学生置身于特定的问题环境中，目的是营造一种质疑、探究、讨论、和谐、互动的学习氛围。在这种问题情境中，教师创设学习环境，学生激发自我学习兴趣，增强感受，唤起体验，深化理解，拓展思维，触发创意，调动表现欲望，从而促进学生自主学习和积极的探究行动。实践证明，教师在促进学生达成学习目标时的作用是不可估量的。

一、强化巩固的方法

《语文课程标准》也明确指出要“倡导自主、合作、探究的学习方式”。在课堂教学中，要把培养学生自主学习的方法能力融化在教学过程中，使学生成为目标设计的参与者、学习资源的挖掘者、思维发展的体验者、学习活动的实践者。那么，怎样才能把学生在教学过程中从对知识的需求处在一种潜伏的状态中唤醒，掌握自主学习的金钥匙，强化巩固所学的知识和技能呢？我认为，教师在以下几方面的导向作用是尤为重要的。

1. 巧妙导入，检查预习

导入课文犹如戏剧的序幕，能够激发学生的兴趣，造成悬念，唤起学生的好奇心。导入课文的方法很多，导入课文一定要精炼，多则三分钟，少则一两分钟，切不可占用太长时间，使课堂时间划分比例失调，有喧宾夺主之嫌。检查预习情况，既是对学生自主学习的督促和鞭策，也是对认真预习同学的一种鼓励。同时从检查中可以及时发现问题，予以纠正，在指导中教给学生自学的方法。一是对已布置的预习内容进行检查，看看学生是否根据要求进行了预习。二是未做预习要求但对阅读中易于把握的有关问题进行检查，看看学生是否已经掌握。总之，这一环节是为了引发学生对学习课文的兴趣。

2. 引导阅读，激发兴趣

提倡自主学习，教师的引导作用绝不可少。学生在预习过程中已经对课文有了基本了解，获取了有关课文内容的不少信息，但基本上是杂乱的。教师应根据不同文章的特点，指导阅读方法，梳理文章的重（难）点，让学生有目的、有步骤地去阅读课文，激发学生的学习兴趣。

3. 学生提问，解疑辩难

如果说第二步重在“引”，是教给学生学习方法，激发学习兴趣，那么这一步则是“放”，让学生自己阅读，归纳出文中的疑点、难点、美点，让学生根据自己的理解，提出问题和看法。解疑辩难的过程中，先让学生解答、切磋，学生无法解答的教师帮助解答，可以采取分组讨论再集中解答的办法。

4. 教师设问，诱导解答

如果说引导学生提问还是停留在感性认识的层面，是浅层次的探究，重在发挥学生的自主性的层次上，那么，教师设问则是对教材的进一步挖掘，是教师根据学生提问和解答的情况，根据课文的教学要求，整合多方面知识，让学生在回答与切磋中完成本课的教学任务。教师传授的是一个个“知识点”和“技能点”，学生的思考探究应该借助于这一个个“点”来进行，这一个个知识点或技能点实际上是学生思维的出发点，思维的活跃正在于这些“点”的基础上的指向。

5. 合作探究，迁移延伸

学生学习每一课之后，应该展开丰富的联想和想象。通过小组讨论，挖掘课文的深层意蕴，结合学生实际，对已学知识迁移延伸。合作探究，迁移延伸，其目的是挖掘文章的深层含义，发散思维，或者触类旁通，或者通过联想、想象，创造一个新的境界。教师要创设适宜创造性活动的条件，采用发散式提问的模式，教会学生通过自我指导以提高创造力，培养学生自主学习；要充分利用当地的资源环境，结合本校实际，扬长避短，让学生掌握学习的目标、途径和方法，真正达到“教”是为了“不教”的目的。

教师要使学生对一堂课的知识产生学习研究时的兴趣，从而把自己的问题提出来，以进一步解决，其核心就是设置问题情境。只有通过设置适当的问题情境，才能很好地激发学生的探索兴趣，从而提出他们在探求过程中产生的问题，再通过学生和教师的互动、交流、讨论，以达到解决问题的目的。这样的过程，最终的目的指向是培养学生发现问题、解决问题的能力。

那么，教师设置问题情境的功能有哪些呢？

首先，它可以激发学生的兴趣。我们知道学生对知识的需求常常处在一种潜伏的状态之中，要激活这种状态，就要激发、调动学生的积极性。设置问题，无疑是最有效的办法。不仅如此，问题的设置还可以唤醒学生的潜能。

其次，设置问题情境可以促进学生的思维发展。心理学认为："思维是以解决问题为目的的思想活动"，有了问题就会有思维活动。

同时，教师的问题设置还可以帮助学生加深对课文的理解。当学生的思维没启动时，课文读完了也没有什么感觉。如：在学刘禹锡的《陋室铭》一课时，以文章的结尾为例，如果教师什么都不说，只是让学生自己理解，学生的认识就不会很深刻；如果教师在这里问这样一个问题：刘禹锡为什么把自己的陋室和诸葛亮、杨雄的房子作比，最后才说"何陋之有"呢？学生此时就会考虑到：诸葛亮和杨雄两个人都是历史上的名人，都有过赫赫战功，把自己和这两个人并列起来，作者想要表达的是要像他们两个人一样建功立业。学生对问题的理解自然上了一个新台阶。此时教师的提问就是一个"把手"，或者是思考的切入点，使学生知道怎么去想问题、想什么问题。

二、问题情境设置的基本原则

1. 必须有概括性的、新颖的和未知的知识

这是问题情境的难度标志。语文学习本身就是一个发现问题、提出问题、研究问题、寻求方法、解决问题的过程。教师创设学习情境的目的，就是为了激疑、导思、探究、解惑。整个情境是以问题为动力趋进的。通过问题的提出、分析、研究、评判、解决，组织整个教学活动。同时，问题的新颖性是必不可少的，它可以带给学生一定的刺激，活跃思维。要使问题具有新颖性，就不能简单地根据答案直接提问，必须换个角度、换个方法，才能设计出新颖的问题。未知知识的最大特点是具有一定的概括性。在问题教学中，教师通过设置问题情境，组织学生对未知知识进行探索，使学生有可能掌握比在一般教学中更概括的知识。

2. 必须能够激起学生学习新知识的愿望和需要，即要能激发学生的学习兴趣，调动学生的学习积极性

H·A·多勃洛留波夫说："当学生乐意学习的时候就比被迫强制学习轻松得多，有效得多。"这就要求我们教师在创设问题情境时，不仅要了解学生的实情，而且要善于利用各种因素、各种新颖的手段，调动创造一个积极向上的学习氛围。环境的宽松、课堂的开放、朋友似的交心、及时的评价赞赏等等，都是激发学生学习欲望的直接或间接的原因。

3. 问题情境的设置不是越难越好，应当符合学生的认识水平和能力水平

更具体地说，是要以《语文课程标准》为依据，正确设计

问题，使之既源于课本又高于课本，既能启发学生，培养学生能力，又能充分顾及学生实际水平。

4. 立足于“以人为本”的价值取向

以往的课堂教学是凌驾于学生学习活动之上的，教师是教学的指挥者，也是教学思维过程的绝对操作者，教师和学生在教学活动中的地位是完全不平等的。教师是知识的灌输者，处于教学活动的主宰地位，而学生却处于被迫接受的地位。由于地位不平等，也就不可能真正实现师生之间的双向和多向互动，教学活动成了约束学生思想的枷锁。《语文课程标准》确定了以人为本的教育思想，体现了语文学科的人文精神。教学过程中运用的一切教学手段都必须尊重学生的主体地位，尊重学生的个体差异，维护学生的个性发展，促进学生知识的自我完善与人格建构。教师一定要改变以教师为中心的教学方式，转而关心学生的现实处境，了解学生的思想困惑，理解学生的心理需求，尊重学生的个体差异。在整个问题情境教学活动中，始终站在学生的角度，以培养学生自主提出问题、自主分析问题、自主解决问题的能力为出发点，绝不能越俎代庖，把学生置于被动的境地。

总之，只要我们遵循问题情境设置的原则，讲究问题设置的方式，并在教学实践中勤于摸索，就会使问题教学法在中学语文教学中焕发出它独有的魅力，更好地促进中学语文教学的改革和发展，真正发挥教师“架桥”“铺路”的作用。

第四节　课堂总结——引导总结，升华生成

一节完整的中学语文课堂教学，应该如一篇“形散神聚”的散文。采用的各种传播手段是“形”，越生动活泼越好；瞄准的教学重点和目标是“神”，越集中凝练越好。而结课那几分钟，应该如散文的高潮，当为精彩之笔。抓住课堂教学结尾这一环节，能使教材前后连贯，知识环环相扣，并从旧知识引发新知识。好的课堂教学的结尾，应该是学生学习新的知识内容的起点和激发学生求知欲望的燃烧点。在语文教学中，如何创设艺术的“光亮”，聚焦学生的“注意”，达到事半功倍的最佳境界，许多语文老师都做了成功的探索。诸如整体思路的构想、双边活动的实录、导语的引力效应，充分展现了腾龙驾雾的整体美，凤头猪肚的局部美，但遗憾的是很少见“清音有余”的“撞钟”结束。“一篇之妙，在乎落句”（宋·洪迈），同样一堂语文课成功与否，也离不开收尾的艺术处理。归纳起来，语文课堂教学结尾的任务和作用在于：概括教学内容、突出重点、解决难点、总结规律，使知识系统化、条理化；开阔学生视野，激发学生思维，发展学生智力，提高学生运用知识的能力；帮助学生积累新知，扩大其知识领域。

一堂成功的语文教学课，如同一篇精彩的文章，有了良好的开头，只能说是成功的一半。文章结尾收束有力，对整篇文章会起到画龙点睛的作用。而一堂成功的语文课如果收好场，也会起到撼动人心的效果。那么，在语文课堂教学中如何收好

场，取得良好的教学效果呢？比较常见的有以下几种：

一、画龙点睛法

随着讲读课文的深入，学生的思路也在不断地展开。为了收束学生的思维，帮助学生掌握要领，抓住关键，老师在结束课文时，把一篇文章或精彩，或关键，或重要的地方加以精辟地概述，使学生对课文的理解一下子得到了升华，加深了印象。

二、置疑法

一堂语文教学课，其实就是引导学生对作品进行赏析的过程。如果老师总是顺着单一的思维方向，叫学生跟着老师的思路走，就很难激发学生思考问题的积极性。老师不妨在学生心安理得地准备结束课文学习的时候，冷不防设置疑问，使趋于平静的课堂再起波澜。如：教学《爱莲说》时，老师在收场时提一疑问，结尾一段作者在对菊、牡丹、莲一一做出评价之后，发出了这样的感慨："噫！菊之爱，陶后鲜有闻；莲之爱，同予者何人？牡丹之爱，宜乎众矣。"作者为什么不按常理对应来写呢？问题一提出来，马上引起了学生的积极思考和争论，最后在师生的共同努力下，达成共识：这样写是为了强调当时追名逐利、趋炎附势世风之盛，同时也是为了表明作者不与世俗同流合污的高尚情操。

三、求异法

在课堂结束时，老师可以引导学生前后联系，将一些有共同特点的文章相异点列出来，进行对照分析。如：鲁迅的《孔乙己》和吴敬梓的《范进中举》反映的主题是一样的，都是通过对悲剧人物的描写，批判了科举制度对知识分子的迫害。但同一主题的反映形式又各有不同，《孔乙己》着重对人物悲剧性格的渲染刻画，而《范进中举》着重强调的是人物悲剧性的结局。学生通过这两个人物形象各自的境遇、性格以及写作特点异同的比较分析，加深了认识。

四、衔接法

为了下节课的顺利进行，老师往往在结束一堂课时，向学生提出预习新课的要求。如：上完了《长江三峡》，进入到《周庄水韵》一文的学习时，老师可以这样说："我们这节课在长江三峡上游览，领略了祖国大好河山的壮美风光，而下节课，我们将要欣赏祖国山河的另外一种风韵，到集中国水乡之美的周庄去漫游。请同学们先看看，作者是怎样当导游，向我们介绍这座'水中的城'和她古老而繁荣的文化艺术的。"这样，就将这节课的内容过渡到了下节课。

五、启迪法

老师可以根据课文的具体内容因势利导地引导学生。这种引导可以是思想上的，也可以是艺术形式上的。如在学习《春》时，老师这样说："春天到来，要写的东西非常多，在众多的材料中，作者信手写来，得心应手，呈现在读者面前的是一幅幅井然有序而又最能体现春的特点的图画，足见作者驾驭组织材料的功底。我们有同学的作文就缺乏这种驾驭文字、组织材料的能力。希望学习这篇文章后，我们能有所收益，借鉴名家写作上的长处。”这样讲课，对学生是很有启迪的。而解读新课程标准，我们会发现课堂教学应当像一首诗一样充满激情与美丽。语文学科是最富情感性、审美性的学科，让学生“诗意”地“栖息”在课堂结尾，呈现出生命的生机与活力，这是我们追求的理想境界。

在课堂总结时，通过教师诗化语言的引导，充分发挥学生学习的主体作用，以感性把握能力，做出归纳概括，提炼精辟的、有创见的想法与说法。我们不能低估学生的潜能与创造性，只要我们能够创设机会，在富有诗意的课堂流程之后，给予学生倾吐心声的机会，就极易掀起课堂高潮，那点点滴滴浸润着人文色彩的语言会深深地烙印在学生的心灵深处。

俗话说：编筐编篓，重在收口。同理，一堂课也应重视“收尾”，只有能引起注意，产生共鸣，又与整堂课融为一体的结尾，才堪称成功的收尾。这样的收尾，都是教育的理智和重视学生思考的体现。希望教师每堂课的终结之际，都能摄魂显志，使学生执卷流连，既能让学生受到美的熏陶，又能让知识有系统的归纳，同时也能给学生一定的启迪和思考；希望教师的每一堂课都是施展才华的舞台，让我们每位语文教师都能在这个舞台上翩翩起舞，把最美的舞姿留给我们的“观众”，并能让他们也自觉“起舞”。

第三章　课堂教学行为的优化

第一节　讲授——掌声因你的精彩讲解而响起

无论教学如何改革，“讲授”仍然作为有效教学的一个有意义的教学方式而显得卓尔不凡。它以它的优势使之在长久的教学实践中延续下来，并形成了自己的特色。只是，在有了现代教育技术之后，教师“讲授”的时间会有所变化。

上海市虹口区的课堂上，就实行“五讲五不讲”原则。“五不讲”是：学生已经懂的不讲；学生自己能讲的不讲；支离破碎的分析不讲；学生听不明白的不讲；教师讲不清楚的不讲。“五讲”是：必须有教师自己研究课文的心得体会、感悟发现才讲；必须高于学生之上才讲，要讲得学生感兴趣，讲得学生记得住，讲得学生开眼界，讲得学生佩服你；必须是传授程序性的知识，而不是陈述性的知识；必须传授逻辑上有必然联系的知识；必须传授主题性的知识。

一、讲授的理论依据

研究表明，人类获取知识的主要手段有两种，一种是接受式学习，一种是体验式学习。而前者更适用于显性知识，后者更适用于隐性知识。对待接受式学习和体验式学习，我们应采取实事求是的态度。二者各有优点，对学生的学习都是有意义的。夸大某一方式的作用或否定某一方式的作用都不是客观的、实事求是的。接受式学习的优点是节省时间，掌握知识和形成技能快；缺点是处理不好的话，容易造成“灌输”和“注入”。体验式学习的优点是能调动学生主动学习，开发学生潜能，增长智慧，促进学生全面发展；缺点是处理不好就会费时间，效率低，忽视学生的知识与技能基础。

新课程学习方式的变革同样有创新也有继承，自主、合作、探究的学习方式并不意味着全盘否定的接受式学习。接受式学习有其存在的意义与价值，以听讲、记忆、模仿、练习等为特征的接受式学习，其主要作用在于引导学生在尽可能短的时间内获得尽可能多的知识和技能，它并不必然导致学习过程的枯燥与机械，有意义的接受式学习应该是最基本、最基础、最常用的学习方式。

二、讲授的具体操作方法

我们认为，在课堂上对学生学习行为的点拨、引导，可以从明确教学目标、吸收与理解、尝试与体验、表现与反思的层面进行。

1. 于导入处讲解，引导学生了解表现目标，激发表现欲望

教师提示有关信息，引起学生的注意和兴趣，激发学生的内在动力。教师也可以提示学生调用原有经验，为学习新知识做准备。

2. 于吸收处讲解，促进学生吸收新信息

教师精心组织教学内容，合理安排好新知识、技能学习的逻辑顺序和心理顺序，借助讲解呈现教学材料，让学生通过倾听和理解来感知新信息。

3. 于尝试、体验处讲解，指导学生表现、展示自己的想法

教师要通过语言创设良好的自主学习情境，让学生动脑、动口、动手，尝试着表现自己，在学生自我表现或在与同学互助合作、切磋的过程中，初步知道自己的学习行为正确与否或正确的程度如何、离期望的目标还有多远，然后对自己的行为或思维进行调整。

4. 于表现、反思处讲解，鼓励学生不断提高学习水平

在学生努力表现的阶段，教师要利用语言条件积极创造条件，提供表现平台。在学生充分展示的基础上，教师要及时组织评价，最大限度地肯定学生的表现，使学生的表现意愿与能力迅速提升，使其学习获得积极的发展。

三、讲授需要注意的问题

1. 从“满堂灌”过渡到“满堂问”

教学的健康状态应该是对话式、互动式的。在这种对话式、互动式的教学中，教师可以讲授，但不能总是只有一个声音。教学是否出现和维持某种对话式、互动式的状态，取决于教师是否能够有效地“提问”。“提问”作为课堂教学中师生互动或学生之间互动的主要形式，可以使教师将关注的焦点从教师身上转移到学生身上。

但是，实际的情形却是教师的“提问”不仅不能给教学带来生机，反而给课堂带来“满堂问”的干扰。因为这些问题缺乏基本的开放性，只是教师对学生一厢情愿的安排而已。所以，多数教师从“满堂灌”“一言堂”的尴尬中走出来之后，又遇到了“满堂问”的尴尬。

新课程教学提倡“以问题为中心”，但所设计的问题应该具有探究的意义，应该能引起学生的探究欲望。

2. 教师的语言功底

教师应遵循语言的艺术化规则，引起学生的情感体验，使教育活动具有深远绵长、令人痴迷的意味。教师提高自己的语言能力就是要使语言更为深刻、形象，富有特色，而不是说在教学中以教师的讲授为主。有的教师在课堂中滔滔不绝，学生往往会充耳不闻。而有的教师语言形象、深刻，学生则能轻松地明白其中的道理，产生深刻的情感体验。可见，教师是否能形成独具特色的语言风格，也是影响学生体验效果的一个重要因素。

第二节　对话——多角度的心灵倾诉

如今，“对话”已写进了课程标准，比如：《语文课程标准》中就这样写道：“阅读是学生、教师、文本之间对话的过程。”如何较为准确地理解、把握和践行“对话”，似乎成为当今每一个教育工作者绕不开的话题。

新时代教师的定位发生着巨大的转变。教师从过去的“消费者”“教书匠”“独奏者”转变为“生产者”“研究员”“伴奏者”。教师与教材的关系也由过去的“忠实执行”变为“平等对话”。通过与文本的对话，教师可以走进作者的情感世界，走进作品人物的心灵深处。因此，教师首先要与教材对话，才能准确把握教材，有效利用教材，并在此基础上进行超越创新：用文本，但不拘泥于文本，把死的文本变成活的教学设计。

学生是教学工作的落脚点，也是教学设计的服务对象。教师要进行富有成效的教学设计，就必须与学生对话。在对话中了解和把握学生所需要的现代课堂，在对话中树立正确的学生观，在对话中做到合理地理解预设与生成的关系，在对话中构建符合新课程精神的教学理念，从而积极地推进教学设计的研究，不断开创教学工作的新局面。

现在的教学行为，还应转变对“备课”的传统认识，除已有的“备教材、备教法、备学生”之外，还要从提高教师专业素质、开展同伴互助等更高的视角来“备课”，真正为新课程顺利进入课堂、深入教学做更全面、更深入的准备。

一、“对话”教学的原理

1. 与学生“对话”

为了了解学生对课堂的需要情况，更好地反思教师的学生观，有专家专门对学生组织了一次问卷调查。问卷调查的结果及反思有以下几点：

（1）课堂上最快乐的事——交往

对学生而言，交往意味着心态的开放、主体性的凸显、个性的张扬、创造性的解放。只有在这样的教学情境中，学生已有的经验才能得到激活和提升，主体之间才能实现有意义的建构，学生的生命里才会融入新的价值。学生获得的不仅仅是知识，更是一种精神的享受。

（2）课堂上最感兴趣的内容——新奇而富有挑战

好奇是学生的天性，提出对学生构成困难的、具有挑战性的问题，正符合学生的心理需要。只有那些处于“最近发展区”的，经过跳跃就可以摘到的“果子”，学生才有摘的兴趣。学生对书本不感兴趣是不是教材出了问题？其实，教材只是一个凭借，如果抱着陈旧的教学观念，学生的视野就会被禁锢于教材，与生活脱离，学生对问题的看法不会有自己的见解，甚至连探索研究或独立思考的机会都不会有。教师应对教材进行适度的开发，用理性参与加工，既需要教师将生活引进来，更需要教师让知识回到生活中去，以适应学生的学习特点。

（3）课堂上最喜欢的学习方式——自主学习

“老师讲，学生听”的方式已经不受学生的欢迎，学生渴望“自由”，乐于用各自不同的方式解决自己想要解决的问题。教师应预备学生自主学习的空间，凡是学生能做到的，就不“代劳”，凡是学生自己能说的，就“免开尊口”。教师不要过多地干预学生的学习方向。有了这样的前提，课堂才会真正属于学生自己。

2. 与自己和同伴对话

（1）传统的备课一般包括三个方面的内容，即备教材、备学生、备教法

很多教师以为只要吃透教材，设计好教法，至多再预期一下学生的反应及教师的对策就行了。但是，新课程所倡导的自主、合作、探究的学习方式，尊重学生独特的体验等新的理念，给教师的备课带来了新的挑战。事实上，要按照新课程的精神上好每一堂课，绝不只是昨天或前天的准备，而是需要几年甚至几十年的准备，真正是台上一分钟，台下十年功。所以，教师不能再把备课看作是短期的行为，而要把它当成是一个长期积累、不断发展的过程。在这个过程中，反思成为教师备课至关重要的一个环节和内容。

（2）备课是教师工作永恒的内容，只要有教学，备课就不会终止

备课效率的高低和备课质量的好坏直接影响教师教学活动质量的优劣。新课程对教师及其教学文化都提出了新的要求，教师在实施新课程过程中，尤其是在课堂上会遇到诸多观念上的困惑和实践中的艰难，而仅仅依赖教师个人的力量是无法圆满解决这些问题的。所以，新课程要求教师打破一贯的各自为政、孤军作战的局面，走向与各层次人员的合作。

3. 与文本对话

要进行富有实效的教学设计，教师必须与文本对话。文本应包括多方面的内容，但在此特指教材。教材是部分教学专家

在一定的环境下，在一定时间内对教学思想和课程标准的诠释。特级教师路培琦说过：“教材就是提供给老师进行教学的素材，是给你一个教学思路，你要利用这个素材和思路，达到你的课堂教学目标，因此不能照本宣科，不能把教材当作圣经来念。”过去把“教材”叫作“课本”，即“上课之本”。现在称之为“教材”，即“教学的素材”。这不仅是形式上的变化，更是教育理念上的变化。因此，在与教材进行对话时，教师一定要明确这样一个理念：我是用教材教，不是在教教材。

二、“对话”教学的理念及方法

1. 学生是重要的课程资源

我们要善待学生这种资源，在教学时要注意利用这种资源，而不是固守教材，不是执行“只见教材，不见学生”的备课计划。

学生是独立的人，我们要尊重学生。教师要用欣赏的眼光看待每一个学生，做到既能与活泼开朗的学生心心相通，又能与深沉严谨的学生丝丝默契，也能张扬学生的个性，不以个人的性格倾向去评议学生。

学生是能动的人，我们要调动学生的能动性。师生间的对话应该是在平等、自由和民主的前提下进行。没有对话者的真正自由，就没有真正意义上的对话。

与学生对话，不可能不考虑“生成”问题，忽视了课堂教学中的动态生成，与学生的对话就是一句空话或形式，因为绝大多数的课堂生成都是教师在与学生的真诚对话中产生的。

2. 教师应该努力完善自己

教师要努力构建完善的知识体系，不断提高自己的文化修养，精通学科知识并密切关注本学科的最新发现。另外，还要以科学的理论来指导自己的教学实践，才能更好地完成教学任务。所以，教师要经常问问自己："我的知识够丰富吗？"

新课程要求改变课程实施过于强调接受学习、死记硬背、机械训练的现状，这就要求教师的教学要有方法的导引性和支撑性，要设计内容丰富、富有挑战性和开放性的学习情境，发挥评价的激励功能，支持学生的反思和自我调控，构建学习共同体。所以，教师要常常问问自己："我的教学技能够完善吗？"

教师是个神圣的职业，只有对教师职业的热爱，才能发现其内在的魅力。要使学生产生积极的情绪感受，拥有对知识的渴求的愿望，教师自己首先要有丰富的情感。所以，教师要常常问问自己："我的情感丰富吗？我的态度积极吗？我的价值观正确吗？"

与同伴"对话"的主要形式就是"同学科教师的协作备课"和"与不同学科的教师合作"。集体备课是指备课组教师共同研究教材和课程标准，在达成共识的基础上，集体构建课程实施方案，以形成统一的重点、难点，统一例题和习题，统一教学活动，统一考核和测评，统一授课目标和教学要求。集体备课的优点在于集思广益，最大限度地发挥每个人的优势，实现资源共享，并在集体研讨的过程中，使每个教师更加准确地把握教学内容与培养目标，在同一年级产生同质的教学效果。

3. 教师在拿到一本新教材后，首要的一件事是通读教材

从整体上把握教材知识体系，理解编者意图，把握教材特

点，做到心中有数。这即所谓的“统揽全局，整体把握”。

在与教材的对话中，既要有把教材变厚的本领，也要有把厚教材变薄的功夫。要能把简练的课时内容、单元内容、全书内容变厚，在进行具体的教学设计时，又要根据课时的安排、目标的设定、学生的现状进行全面的权衡，然后决定何者当弃，何者当留，把厚书变薄，把长文变短。这即所谓的“酌取精要，以小见大”。

教师在与教材对话时，除与自己手中的教材对话外，还要与其他版本的教材对话；除与任教科目对话外，还要与其他科目对话。这即所谓“融汇综合，荟萃精华”。

第三节　指导——授之以法，他们会走得更好

课堂教学是由“教”与“学”两方面构成的，二者是相辅相成的。然而，我们在过去的课堂教学中总是强调和重视教师的教法，从课前的备课到课堂教学过程中各个环节的设计，主导思想都是考虑教师如何教，强调的是教师的教法，却忽略了对学生的学法的指导，忽略了从学生这一角度来设计课堂教学，导致学生不能作为课堂的主体。而这种教学方法因为不是“以学生为中心”，不是以激发学生的潜能为根本，不是强调学生积极主动地参与，不是把知识的传授作为培养学生能力的手段，所以，教师的主动性不是主要放在设计课程上，而是注重课堂上如何控制学生，忽视了教师的课堂教学应尽量开发和保护学生的想象能力、探索能力和创造能力的问题。

教学是教师的教与学生的学相互作用、相互影响的双边活动的过程。现代认知理论主张：学习是学习者已有的认知结构与新知识的重新建构过程，通过建构，将新知识纳入自己的认知结构中。知识并非客观存在，它对于不同的学习者来说，具有主观性，正如“一千个读者就有一千个哈姆雷特”一样，尤其是在语文教学中更是这样。所以，现代教育界倡导“以学生为主体”“学生主动地学习才是最有效的学习”，提出“培养学生学会学习是教育的终极目标”，等等。那么，是不是提倡学生的主动学习就不需要教师的指导呢？不是的。作为教师，有目的、有计划地指导学生完成学业，促使其心理和行为发生

改变至关重要，教师的教育思想、教学指导策略对学生形成主动学习的态度、良好的思维习惯及收到好的学习成效有着直接的影响。因此，学生的主动学习离不开教师的有效指导。传统的课堂教学是教师的“一言堂”，教师通过自己分析、肢解课文，然后把“教学要求”中学生须掌握的东西一一告诉给学生，并要求学生记下来、背会，从而达到完成教学任务的目的。结果是，学生所得的知识只是教师灌给的，是机械的、死板的，而不是通过自己体会感悟来的。久而久之，学生没有了自己学习的欲望，只等着教师课堂上的灌输，思维滞后，不会自己去理解把握文章，变成了接受知识的容器，这样的结果与素质教育的目标是背道而驰的。《语文课程标准》中的“课程目标”是根据知识与能力、过程与方法、情感态度与价值观三个维度设计的，其中有一些“过程与方法”方面的目标。这些目标是以往“大纲”中没有的。其意义在于：注重学习主体的实践和体验，注重学习者的学习经历和学习经验，引导学生在学习中掌握学习方法，对教学过程有正确引导，改变只重结果不重过程和方法的现象。从这个意义上说，加强语文新课程的学习指导，注重培养学生自主学习的意识和习惯，就显得尤为重要。正如吕叔湘先生所说：“教学，教学，就是‘教’学生‘学’，主要不是把现成的知识教给学生，而是把学习方法教给学生。”学生掌握学习方法，就可以受用一辈子。我们新时期的语文教师，在新课程的大好形势下，应该努力对学生进行科学的、艺术的学习方法指导，使之成为爱学习、会学习的一代新人。现代科技的迅猛发展向教学提出了更高的要求。教师的作用已不仅仅只是“传道、授业、解惑”，而更应加强学习方法的指导。强调“学习方法”指导，重新确立学生的主体地位，必将给教育现状带来很大的改观。

现在，“教会学生学习”已经成为教学理论界的共识。达尔文说：“最有价值的知识是关于方法的知识。”培根也说，“关于方法的知识，是世界上最宝贵的知识。”方法是解决问题的途径和程序，方法可以引导人们沿着正确的途径去认识世界和改造世界。规律是事物本身固有的本质联系和必然发展趋势，它具有可重复性和普遍性，只要具备一定的条件，某种合乎规律的情况就会必然出现。语文教学和语文学习也是有规律可循的，教学中如能将读写听说思的方法和规律传授给学生，便能以一当十，事半功倍。

学习有法，但学无定法，关键在于一个“活”字。教学中，教师要教会学生善于打破思维定式，巧选研读角度，进行创造性的阅读，从而提高学习效率。其实对学生进行方法指导的关键，不是那些方法的知道与否，也不是对方法本身的理解与否，而是学生运用“得法”与否。同一方法同一老师讲授，学生或得法或不得法，悟的能力、过程各不相同，不能悟者，授之以渔，又有何用？故此，从“知法”到“得法”其路漫漫，教师要在整个过程中自始至终地强调学生的自主参与。唯有如此，才能真正实现从“学会”到“会学”的飞跃。

纵观中学语文教改的轨迹，我们可以看到，中学语文教学是沿着“加强基础—培养能力—开发智力—培养非智力因素—学法指导”的方向逐步深入发展的。当前，中学语文界为引导学生生动、活泼、有效地学习语文，正在深化改革，探索规律。走教会学生学习之路，已成为广大语文教师的共识，也是教学改革的科学总结和深化改革的必然趋势。

一、学法指导的原则

以语文课程标准为指导，以语文学科本身的特点和中学生学习语文的特点为依据，语文学法指导应遵循以下若干原则：

1.改革教法与指导学法并行不悖的原则

就教学过程而言，教与学是同一事物的两个方面。我国古代教育名篇《学记》中就有“教学半”的说法。美国认知心理学家奥苏贝尔指出，教与学是一件事的两个方面，两者在逻辑上是可以分开来研究的，但实质上是联系在一起的。就一般而言，好的学法是以好的教法为前提而获得的，好的教法又是保证好的学法的运用而选定的，教法与学法必须协调同步。教师指导学生学习语文好比指导学生去掰一个壳子，既要讲清掰开壳子的目的、知识、方法，又要重视学生在得到知识与方法后，想掰开壳子摸到核心的心理，从而使教法与学法得到有机组合。

2. 在掌握知识过程中发展智力的原则

学生的智力，既是教学培养的目标之一，也是影响教学效果的一个很重要的因素。按照学法指导的理论，传授知识本身是为了让学生在掌握一定知识基础上具备分析问题、解决问题的能力，这就是思维能力，而思维能力是智力因素中的核心。由此看来，向学生传授知识的目的就是发展学生的智力，而不是单纯地积累知识。

智力是不能传授的，然而传授知识与发展智力又是互相联系的。古人云：“才，需学也，非学无以广才，非志无以广学。”一方面，学习知识不仅必须以一定的智力发展水平为前提，而且必须通过紧张的智力活动才能完成。教学过程中，学生一点脑子不动，不进行一点智力活动，教学活动则无法进行。另一方面，智力的发展也不是凭空的，是在学习知识的过程中逐步发展的，离开了知识的学习与传授，发展智力就犹如空中楼阁，无所依托。反过来，智力的发展又促进了知识的掌握。所以，教学的全部努力即是让学生在掌握知识的过程中发展智力。我国语文教育受千百年传统教育的影响，历来重视学生掌握书本知识，忽视学生智力的发展。当前，我国学校教育工作中普遍存在片面追求升学率，作业量大、难题多，考试频繁，学生死记硬背等现象，极不利于发展学生智力，这一现象不可避免地影响和左右着语文教学。有的学生抱怨说："现在学校里语文教学是记忆力用得过多，而思维力用得过少。"这或许也是学生"重理轻文"的一个很重要的原因。

庄子《逍遥游》中说："水之积也不厚，则其负大舟也无力。"离开了知识就谈不上学习，离开了智力就谈不上会学，离开了方法就谈不上善学。知识积累越丰富，就越有利于智力发展，学法的掌握也就越容易。因此，学法指导，必须把知识的习得、智力的开发与学法的掌握有机结合起来。

3. 在发展智力因素过程中开发利用非智力因素的原则

语文教学目标的完成，固然与学生的智力因素诸如注意力、观察力、记忆力、想象力、思维力等有直接的联系，以前传统的课堂教学也着重抓了这些能力的培养，但与学生的非智力因素，如学习兴趣、学习动机、学习情绪、学习意志等也有很大关系，有时甚至有很重要的关系。根据学生感知教材的心理分析，学生掌握知识、形成技能，是通过对教材的感知、理解、巩固、应用四个基本环节来实现的，而在这些环节中学习兴趣、学习动机、学习意志都起着十分重要的作用。

巴班斯基说："如果学生养成积极的学习态度，如果他们有认识兴趣，有获得知识技能和技巧的需要，如果他们形成了义务感、责任心以及其他的学习动机，那么他们的学习活动就一定会更有效。"上海师大燕国材教授曾概括出公式：A=f（I·N），意即在其他条件相等的情况下，学习的成功（A）是由智力因素（I）与非智力因素（N）共同决定的。学习的理论告诉我们，除了发展学生的智力因素外，还要开发和利用他们的非智力因素。学法指导的实践证明，不解决"愿学""乐学"的问题，也就谈不上"会学""善学"的问题。学习方法的掌握和学习能力的发展作为一个动态过程，"愿学"和"乐学"是推动其发展的前提和动力。

4. 从学法理论指导操作训练中体验学法的原则

对学生实施学法指导，必须让学生了解一些有关学习的理论知识。例如：指导学生掌握记忆的方法，就应当先让学生知道什么是记忆和记忆的心理过程，如何提高记忆水平等有关知识。如：智力水平问题，对学生而言是一个极其敏感的问题，教师有必要就智力的内涵、各要素的核心及其相互间关系、发展智力的途径等知识做精要讲解，使学生明确学习的关键是什么。然而，学法指导绝不可停留在对方法知识的介绍上，而应当通过实际的操作训练，让学生体验学法是否可行有效，把它转化为技能，形成习惯。这里的"训练"不等于一般的"练习"。练习往往放在新课结束之后，常常仅限于书面作业，教师的"主导"作用并不明显，而训练则突出了教师的主导作用，贯穿于整个教学活动之中，使学生在有计划、有指导的训练中获得知识、形成能力、发展智力。理想的中学语文教学过程应当是：在教师的激励、组织、启发、诱导下，学生主动地获取有关语文的真知，逐步学会学习语文的方法，初步地掌握听、说、读、写、思的能力，并为进一步发展这种能力直到形成习惯提供基础。

5. 坚持统一指导与个别指导相结合的原则

统一指导是学法指导的重要形式，它可以面向全体学生，使学生掌握学法的一般方法。但每个学生都有各自的性格特点、学习基础和学习习惯，只有当学法指导和学生各自的特点、各自的知识与经验水平产生共鸣时，才更有针对性，才能发挥方法的功效。因此，教师在重视统一指导的同时，要针对学生的实际情况进行个别指导，指导学生选择适合自己个性特点的、行之有效的科学学习方法，使二者相辅相成。

二、学法指导应注意的问题

①要把“指”和“导”统一起来，对已揭示出的学习方法不可时过当堂便弃之不用。

②要具体可行，即不可用“只言片语”或“教条”揭示学法，导致学生自主学习时不能迁移操作和灵活调控。

③要把教师总结与学生自我总结结合起来，避免再次落入“包办式”和“注入式”的窠臼。

④要把学法指导纳入教学过程中作为一个重要环节，而不是大撒把地“放羊”，致使其名存实亡。

⑤要力戒“模式主义”，防止盲目地生搬硬套而背离教学重点。

⑥要循序渐进、由简到繁、从浅入深、形成过程，忌要求过高、急于求成。

⑦要坚持多样化的统一，注重有系统地归纳与分类。

⑧要保证区别教法与学法，不把自己的教法当学法显示给学生，使学生得不到必要的学法指导。

第四节　探究——语文课堂上的惊喜发现

《语文课程标准》中明确指出：语文是实践性很强的课程，应着重培养学生的语文实践能力，使学生能主动地进行探究性学习，在实践中学习语文、运用语文。当前，我们对于教学过程的理解已经达成一种共识，即学习是一种生活。虽然人对于生活的体验是千差万别的，但百川入海，个性的体验终将为共性的形成服务。那么，需要什么来完成呢？我们知道，人的生活是一种不断发现问题、不断解决问题的过程，探究应该是生活的主要手段。学习过程既然在本质上是一种生活，那探究则意味着它不仅是学习过程中所呈现给我们的某种展示，而且宣告了它对于学习的重要意义。从这个角度来讲，探究性学习在我们的教学活动中理应得到足够的重视和应用。语文学科中，因其人文性一直熠熠生辉，所以，对于学生语文能力、艺术情操的培养，不仅是对文明的一种传承，更是对人类文明的一种推动。由此而论，我们时下的语文教学必须做到真正意义上的探究性学习：不断摸索、不断提升，使“探究性课堂”充满活力、充满高效，从而激发学生禁锢的热情，开启沉睡的心灵，放飞纯真的梦想！

“语文课程必须根据学生自身的发展和语文学习的特点，关注学生个体差异和不同的学习需求，爱护学生的好奇心、求知欲，充分激发学习的主动意识和进取精神，倡导自主、合作、探究的学习方式。”这是新课标所提出的基本理念之一。

探究学习是从学科领域或现实社会生活中选择和确定研究主题，在教学中创设一种类似于学术（或科学）研究的情境，通过学生自主、独立地发现问题、实验、操作、调查、搜集与处理信息、表达与交流等探索活动，获得知识、技能、情感与态度的发展，特别是探索精神和创新能力发展的学习方式和学习过程。探究学习旨在培养学生的自学能力、学会学习的能力。探究式学习能使学生获得必要的学习体验，构建自己的知识体系。

“记录在纸上的思想就如同某人留在沙上的脚印，我们也许能看到他走过的路径，但若想知道他在路上看见了什么东西，就必须用我们自己的眼睛。”这是德国哲学家叔本华的一段话，从中我们可以看出探究学习所具有的重要价值：学生在探究学习中所获得的不仅仅是知识，还有学习过程与方法的掌握，情感态度与价值观的提升。

探究学习一般包括以下几个步骤：

第一，在日常生活中或学习情境中发现并提出问题。

第二，围绕问题相关方面的事实和证据收集。

第三，根据收集到的资料形成解决问题的假设。

第四，学习者交流和验证他们提出的假设。

探究学习能使学生在一定程度上保持和发展人类与生俱来的探究性心理，满足不同层次学生的创造动机，以强调过程、尊重个别需要的学习活动，培养学生发现问题、解决问题和乐于创造、勇于成就的精神。探究学习能从自身与学生生活的联系以及社会生活对自身的意义两方面为学生提供获取直接经验和直接体验的机会，使学生在感悟、了解、干预、参与和解决中，加深对人生与人类的理解、关爱，学会关心社会、关心他人。探究学习能促使学生与他人共同学习，与他人分享经验，从中养成开放、协作、互学相长和分享苦乐体验等行为习惯、行为品性。探究学习还能培养学生实事求是的科学态度、探究事物内部联系和本质的意识、博采各种信息知识的眼光、实证实验的技能、逻辑的思维等。

根据上述论述可以认为，探究教学在实质上是一种模拟性的科学研究活动。具体来说，它包括相互联系的两个方面：一是有一个以“学”为中心的探究学习环境。这个环境中有丰富的教学材料、各种教学仪器和设备等，而且这些材料是围绕某个知识主题来安排，而不是杂乱无章的；有民主和谐的课堂气氛，使学生很少感到压力，能自由寻找所需要的信息，能自己做种种设想，能以自己的方式检验自己的设想。总之，这种环境要使学生真正有独立探究的机会和愿望，而不是被教师直接引向问题的答案。二是给学生提供必要的帮助和指导，使学生在探究中能明确方向。这种指导和帮助的形式与传统教学中的有很大的不同，它主要是通过安排有一定内在结构、能揭示各现象间的联系的各种教学材料，以及在关键时候给学生必要的提示等来实现的。

安德森在他主编的《教学和教育百科全书》中，对探究教学的几个方面做了高度的概括。探究教学的本质特征是不直接把构成教学目标的有关概念和认知策略告诉学生，取而代之的是教师创造一种智力和社会交往环境，让学生通过探索发现有利于开展这种探索的学科内容要素和认知策略。这种教学的基本原则是：由学生自己亲自制定获取知识的计划，能使学科内容有更强的内在联系，更容易被理解，教学任务有利于激发内在动力，学生认知策略自然获得发展。同时，在这个过程中学生还认识到能力和知识是可变的，从而把学习过程看作是发展的。

第五节　互动——知识在互动中生成

高效教学的本质是良好的师生交往互动。苏联著名教育家苏霍姆林斯基曾说过，“上课是教师和儿童的共同劳动，这种劳动的成功，首先是由师生关系来确定的。”建立互动的师生关系，把教学视为一种交往和互动，就是抓住了教学活动中的主要矛盾，也是寻求教学改革“突破性”进展的一个重要方面。教学活动中普遍存在教师与学生、学生与学生之间的交往活动，它是以促进学生发展为目的，以人类的文明成果（课程）为中介的一种社会性相互作用。所以，这种社会性相互作用的本质就是交往。教学是一种社会实践活动，它是在同为主体的人与人之间精神层面上的交往，在沟通与对话中实现师生的共同发展。以互动为特征的教学，要求教师与学生之间能有更多的沟通，教师与学生各自凭借自己的经验，用各自独特的精神表现方式，在教学过程中通过心灵的对接、意见的交换、思想的碰撞、合作的探讨，实现知识的共同拥有与个性全面发展。教学交往中的沟通，常常要借助“对话”来实现。教学中的对话，就是教师与学生以教材内容为“话题”或“谈资”，共同去生成和创造“文本”，去构造“意义”的过程。当然要实现交往互动中的沟通与对话，它要求教师不仅有教学策略和教学方法的改变，而且要正确对待教学过程中教师的主导作用和学生的主体地位。通过教师与学生、学生与学生之间的自主探究，让知识在互动中生成。

就教育的本质方面而言，叶澜教授曾提出：“如果从形态的角度看，我们认为教育起源于人类的交往活动。”当交往双方相对特殊化，并形成一种传递经验、影响人身心为直接目的的活动时，交往就会进一步演化为教育。教学是教育的核心。“教学——这是交往的特殊变体”“教学是有知识经验的人与获得这些知识经验的人之间的交往”。自20世纪60年代以来，由德国“交往教学论”流派所提出的“交往就是教学的本质”的理论，越来越受到人们的关注。如果我们撇开这个命题有争议的一些问题，而把交往视为教学中人的认识发展的前提和条件，从而确认没有交往就没有教学，这应该是为大家所认同的。

教学活动中普遍地存在着教师与学生、学生与学生之间的交往活动。这种交往不同于一般人际交往的地方，它是以促进学生发展为目的，以人类的文明成果（课程）为中介的一种社会性相互作用。我们经常讲的教学是一种多边活动，强调的就是在教学中实现的教师“教”与学生“学”的统一，以及学生与学生之间的心灵碰撞。

课堂上有效的师生互动不是简单地以活动的频繁为衡量标准，也不是简单地以课堂气氛的活跃程度为评价尺度，而是将学生主体性的充分发挥作为核心因素，师生双方在互动中同等重要、互为主体。师生互动要求师生的平等关系。在教学中，教师不仅仅是教学活动的组织者和指引者，更重要的是学生学习活动的参与者，是学生的高级伙伴。也就是说，教师不是“教”学生，而是与学生一起学习，一起思考，教师在课堂上从始至终都是学生的伙伴，只不过是个“高级”的玩伴。之所以用“高级”来强调伙伴，是因为教师还有引导学生的作用，即在适当的时机以适当的方式提示、启发、点拨学生，也就是有意识、有目的而又和谐自然地对课堂活动加以调控。需要注意的是，课堂上的问题要最终由学生自主达成共识，自主解决。师生互动对教师的素质及对新教学理念的把握提出了更高要求。教师要充分认识对话教学的实质，不能简单地认为师生之间的一问一答就是对话式教学；要充分考虑是否真正调动、激发了学生的思维，是否体现了追问和启发的精神。教师要避免为了营造一种师生“互动”的课堂教学氛围而专门提问一些无须调动学生思维的事实性的、记忆性的问题，表面热热闹闹，实际上却达不到体现教学目标、真正为教学服务的目的。不要为问而问，为对话而对话，学生的思维活动如果没有真正展开，也就谈不上有实际意义的“对话”。因此，对话教学实际上是对教师的素质提出了更大的挑战。对话教学需要教师根据恰当的教学内容，在最恰当的时机，选择运用最为合适的教学方法，在没有疑问的地方创设疑问，激化学生思维中的矛盾，并能够将学生思维的着眼点引至对与错、是与非的对立点上。尤其强调的是师生互动是以学生为中心的互动。

一、师生互动要以学生为中心，要把学习的主动权交还给学生

这是平等意识、人格尊重在教学中的体现，也是对话教学的前提。教师只有把主角让位于学生，把主动权真正还给学生，才能实现真正的师生互动。在教学中，教师要引导学生根据自己的能力水平提出问题，并由学生讨论、阐述自己的见解，教师作为“平等中的首席”只是适时地参与学生的交流讨论。这样，学生的主动性才能得到充分调动，对话在教学中才能有效地得到贯彻和体现。

二、体现以学生为中心的互动教学，要求教师要注意师生的沟通，要注意倾听，尊重每一位学生的发言

现代教学理论表明，教学是一种沟通现象，“没有沟通就没有教学”。只有沟通、合作才有对话，才有师生间思想的融合、智慧的碰撞、心灵的交融。教师要善于倾听，并且要教会学生学会倾听；要善于进行角色换位，要能够从学生的角度去看待学生的问题和观点。在上课时，教师要把注意力集中在学生身上，要做出合适的应答，通过多向交互作用，推进教学过程。为此，教师要为学生创设平等、民主、安全、愉悦的课堂氛围。教师要关注学生的差异性，以尊重为准则，对学生的创见要充分鼓励；对学生的不同看法要尊重理解；对不正确的见解要宽容引导。教师与学生交流时，要置学生于平等的地位，避免居高临下地发问，甚至责问，消除学生在交流中的畏惧紧张心理，让学生愿意和老师倾心交谈，这样才能使学生主动言说、质疑问难、实现对话、达成共识。

三、体现以学生为中心的互动教学，要求教师要全面关注学生，关注学生全体

有的教师在设计教学时，虽然明显渗透了全面关注学生的愿望，但是在教学过程中，当教师面对各个小组的学习进程中出现的差异，小组的讨论非常热烈，学生们提出很多问题的时候，教师的关注点发生了变化。教师不再想学生在做什么、他们的学习进行得怎么样了、他们需要什么、我要想什么办法去引导，而是想这样进行下去，课堂会不会太乱，自己会不会驾驭不了。教师关注学生应深入各个小组的讨论，了解他们的

认知情况，习惯于观察学生的学习和探究方式，从而发现和鼓励学生的创造精神。在此基础上教师还应该特别注意关注以往被忽视的学生群体。比如：课堂上同学们纷纷发表意见时，对没有发言的同学，老师可以直接走到他的身边说："你虽然没有举手，但是，老师还是叫你，请你谈谈自己的想法。"当学生大胆地说出了自己的想法时，老师除了鼓励他，还要引发其他同学的思考，如："有什么不一样？""你同意他的想法吗？""他的方法可以吗？"老师只有真诚地将温情的种子撒向每一个学生的心灵，给予他们充分的理解和尊重，对话教学才能散发出充满浓浓人情韵味的馨香，才能感知发自学生内心最深处、最真实的情感。

四、体现以学生为中心的互动教学，要注意教学设计从学生实际需要出发

以往教师在教学设计时，往往首先考虑教师怎么教，尽管也强调备课要备学生，但是在教案中却很少涉及对学生情况的分析，最多只是在教法上考虑不同年龄阶段的问题，缺乏对学生已有知识的分析。建构主义理论认为，学习是学生主动构建自己知识的过程。学生并不是一无所有的，在日常生活中、在以往的学习中，他们已经积累了丰富的经验。而且，有些问题即使他们没有接触过，没有现成的经验，但一旦问题呈现在他们面前，他们也可以根据以往相关的经验，依靠已具备的认知能力，形成对问题的解释。因此，教师的教学设计必须关注学情，从学生需要出发，关注学生已有的生活经验和知识基础，在充分了解学生的个性品质、知识结构和认知能力的基础上进行教学内容的确定、教学目标的制定、方法的选择、过程的安

排、氛围创设。为此，教师要下大功夫去琢磨学生，琢磨活生生的课堂，走进学生中间，了解他们对即将讲解的内容的兴趣、知识储备和他们所关心的话题，使课堂教学更贴近学生的实际状况，真正体现一切从学生出发。

第四章　课堂管理行为的优化

第一节　分组合作——各司其职，互助成长

在我们以往的课堂教学中，通常情况下都是几十个学生济济一堂，听同一个老师的讲授，用同一本教材，学习同一个课题，保持着统一的进度。北京师范大学肖川博士在《教育的理想与信念》中写道：“如果一个在学校中度过 9 年或 12 年的孩子，整天处于被动地应付、机械地训练、死记硬背、简单重复之中，对于所学的内容也就难免生吞活剥、一知半解、似懂非懂，很难想象在他（她）的一生中，能够具有创新的精神和创新的能力，能够成为幸福生活的创造者和美好的建设者，能够不唯书、不唯上，能够用自己的眼睛去观察，用自己的头脑去判别，用自己的语言去表达，能够成为一个独特的自我。”

《语文课程标准》犹如拂面的春风，令我们耳目一新，特别是它积极倡导“自主、合作、探究”的学习方式。可以说，合作是目前世界上许多国家都普遍采用的一种富有创意和实效的教学理论与策略体系。一位哲学家说过：“你有一个苹果，我有一个苹果，彼此交换以后得到的还是一个苹果；你有一个思想，我有一个思想，彼此交换以后，每个人就有两个甚至两

个以上的思想。”这就是合作的好处。所谓合作学习，是指学生在教师组织下的以共同目标为学习追求，以学习小组为基本单位，以合作交流为基本特征，以团体成绩为评价标准，具有明确个人责任，共同达成教学目标的学习活动。

一、合作学习的意义

随着基础教育改革的深入推进，合作学习作为一种重要的学习方式被教师普遍接纳，并尝试着运用于课堂之中。美国当代著名教育评论家埃利斯在《教育改革研究》一书中断言：“合作学习如果不是当代最大的教育改革的话，那么它至少也是其中最大的之一。”

1. 强调学生的主体参与，强调同学之间的相互合作

在学习过程中，学生不但要用自己的大脑思考，还要用自己的眼睛看，用自己的耳朵听，用自己的嘴巴说，用自己的双手做。也就是说，学生要用自己的身心经历、感悟和体验。因此，合作学习改变了传统课堂单一、被动、陈旧的学习方式，使教学过程真正建立在学生自主学习、相互沟通的基础上，从而有效开发了课堂教学效率的资源。

2. 以“要求人人都能进步”为教学宗旨

合作学习努力为学生营造一个心理自由和安全的学习环境，让学生在学习的过程中呼吸自由的空气，体验自我的价值，感悟做人的尊严。良好的心理体验激发着学生的学习兴趣，小组的学习方式实现了学生心理的互补，新型的评价制度激活了学生的学习潜能。因此，合作学习改变了传统课堂的社会心理气

氛，突破了只能让少数人“成功”的教学现状，实现了教学真正意义上的全面“丰收”，从而真正实现了促进学生发展的功能。

3. 倡导“人人为我，我为人人”的学习理念

合作学习的过程实际上是一种团队意识引导下的集体学习方式，学习过程中的分工与协作、学习结果以小组成绩作为评价依据的方法，使学生强烈地意识到“我们相互依存、荣辱与共”“只有我尽力了，大家才能赢，也只有大家赢了，我才能赢”。因此，合作学习改变了传统教学独立打拼、个人竞争的学习现象，使学习过程建立在相互合作、群体竞争的基础上，有效地形成了学生的合作意识和个体责任。

4. 培养学生的合作互助意识，形成学习与交往的合作技能

在合作学习过程中，学生对学习内容不但要自我解读、自我理解，而且要学会表述、学会倾听、学会询问、学会赞扬、学会支持、学会说服和学会采纳，等等。

因此，合作学习不仅能够满足学生学习和交往的需要，更有助于形成学生学习和交往的技能，促进学生学习能力和生活能力的发展。正因为这样，合作学习体现了教育的时代意义，实现了教育的享用功能，即为学生在未来社会中能自由地享受生活和建设生活奠定了基础。

二、合作学习的要素

分组合作学习对学生而言是一种学习方式，对教师而言，它是一种教学策略。它有以下几个要素：

·积极承担在完成共同任务中个人的责任。

·积极地相互支持、配合，特别是面对面地促进性互动。

·期望所有小组成员能进行有效的沟通，建立并维护小组成员之间的相互信任，有效地解决组内冲突。

·对于个人完成的任务进行小组加工。

·对共同活动的成效进行评估，寻求提高其有效性的途径。

三、合作学习的几个误区及优化策略

1. 把合作学习简单理解成分组学习

（1）现象描述

我们经常可以在公开课上看到，教师在组织课堂教学中常常有“合作”学习的环节。有的老师尚未引领学生感知课文，就开始指导学生分组“合作学习”；有的老师干脆出示几个小问题，甚至诸如“这篇文章的作者是谁？本文选自他的哪部作品？”这类教材直接提供答案的问题。

（2）问题分析

造成这种现象的原因有：一是教师对合作学习的理念不甚了解或理解得不全面，在观念上过于迷信合作学习的作用，甚至一些毫无讨论价值的问题都要在小组里讨论，误认为合作学习无所不能；二是有些教师片面追求小组合作这一形式，对小组合作学习的目的、时机及过程没有进行认真的设计。

（3）优化策略

首先，教师对合作学习要有正确的认识。合作学习并不是万能的。不同的学习方式适合不同的学习任务，因而它们各有优势也各有局限性。合作学习的众多组织形式中，小组学习是最常用也是最有效的。因为小组人数适中，成员相对稳定，学生的参与度较高，同时也有利于老师组织课堂教学。其次，教师在组织教学中要考虑学习任务是否有必要通过合作来完成，需要选好合作学习的材料，提出有挑战性、有合作价值的学习任务。有些教师在教学中一遇到问题就让学生讨论，这容易让合作流于形式。教师要善于根据教材的重点、难点，学生的实际，抓住适当的时机让学生小组研讨。这样，有利于活跃课堂氛围，通过改变学生的学习方式，使学生的自主意识、探索意识、合作意识不断增强。

2. 合作学习是学生自发的学习

（1）现象描述

课堂上，教师草草布置学习任务后，立即让“前后桌”展开讨论，结果课堂一片喧哗，但教师却放任自流，没有给予任何有效的指导和监控。在这种表面热闹的背后，有的小组常常“开小差”，闲聊一些与主题无关的内容，而没有互帮互学、共同解决问题。

（2）问题分析

以上现象可称为“自发的合作状态”，小组的组织形式不确定，仅随随便便地限于“前后桌”，学生之间也没有明确的分工，导致交流和讨论具有随意性。其根本原因是教师对合作学习的内涵没有准确理解，把一般性讨论、交流等同于合作学习。

合作学习是教师有目的、有计划地实施教学的一种策略，不应停留于学生在日常生活中自发出现的各种交往状态，也不应限于表面化的讨论和交流。

（3）优化策略

首先，教师需要明确小组合作学习与一般性小组讨论的概念差别。合作学习过程中的确少不了讨论、交流，但这种讨论、交流是建立在明确的角色分工和个人责任制基础之上并指向一个共同学习目标的，而一般性小组讨论则停留于意见的随意表达，没有明确的目标。

其次，在教学策略上教师应预先设计方案，明确教学目标，同时在组织结构上按照合作学习的五大要素来组建合作学习小组；教学环节上应以合作学习的计划性消除这种操作过程中可能产生的自然随机性；教学过程中应在活动开始前对讨论目标、小组活动规则、纪律要求等做必要的申明，同时加强对合作学习过程的监督和指导。

3. 合作学习只是学生之间的合作

（1）现象描述

有些老师只是自己忙着备课、上课，很少和同事们一起讨论、切磋，尤其参加工作多年的老师，容易依据以往的“经验”教学。还有的老师错误地认为，既然提倡合作学习，就不必重视个体学习。于是，在课堂上没有给学生留出独立思考的时间，小组合作解决问题后就让学生汇报学习成果。

（2）问题分析

首先，教师对合作的理解不够深入。合作不仅指学生之间合作，还有教师之间合作、师生之间合作，教师之间不善于合作交流，势必也会影响到教学的效果。

其次，没有学生个体充分的读和写，就没有良好的合作学习。合作探究必须建立在独立学习的基础上，通过独立的思考，学生会对问题有自己独到的见解，再通过合作交流提高到一个新境界。没有独立学习做基础的合作只能是华而不实的。

（3）优化策略

教师之间要经常开展教研、备课。与学生一样，教师之间在知识水平、思维方式、个性风格等方面都存有差异，即使是教同一篇课文，每个老师在教学内容处理、教学方法选择、教学整体设计等方面也会有差异。通过研讨，教师之间可以相互启发、相互借鉴、相互补充。

老师在备课时要考虑到哪些学习内容需要“合作”，怎样合作？学生合作学习时，老师要深入到各个小组中去，了解学生合作学习的情况，并参与指导。老师要放手但不放任，相信学生但不失控，要成为引导者、参与者与合作者。课堂评价时老师不仅要关注学生个体，更要关注学生团体，对于积极合作、善于合作的小组，老师应给予积极肯定的评价。

4. 合作学习有学生参加就行

（1）现象描述

在合作学习中，表现比较积极的常常是那些学习成绩好、性格外向、表现欲强的学生，而另一些成绩不好、性格内向或学习缺乏主动性的学生“搭便车”，坐观其他学生活动，基本是参加而不参与。

（2）问题分析

在现实的学习生活中，学习好的学生往往受到老师较多的关注和偏爱，他们的课堂参与度较高；而学习不好的学生或学习缺乏主动性的学生因为害怕出错，懒于思考，缺乏主动热情，一味地依赖于好学生。教师在合作分组时没有充分考虑到优势互补，在角色安排上也缺乏明确的分工。

（3）优化策略

教师要根据不同的教学内容，尽可能在教学设计时让所有学生都有能力参与。让学生先独立思考，这样学习有困难的学生也有了思考、进步的机会。在组建合作小组时，一般强调异质分组，不提倡学生自愿组合。学生个人的意愿只能作为参考。教师要向学生说明，学习小组是一个协同合作的团队，就像我们难以选择与谁做邻居一样，我们要学会与不同的人相处，每一个人都有长处和不足，既要善待自我，又要学会欣赏别人，尤其要关心那些交往能力弱、学习成绩不理想的同学。教师对组内成员做好角色分工，根据每人的特点分配任务，做到人人有事做、事事有人做，使信息资源共享，成功喜悦共享。

合作的方式有多种，合作的手段也有许多，合作学习的价值不仅在于学生通过合作获得知识，更重要的是对学生人格的整体培养，将“要我们合作”变为“我们要合作”，使学生“在合作中学会学习，在学习中学会合作”。新课程下，如何在课堂教学中真正落实新课程的理念，让课堂焕发出生命活力，将是一个探索不尽的话题。诚如郑金洲教授所言：“认识了课堂，才算真正理解了教育；改变了课堂，才算真正落实了新课程！”

第二节 个别教学——张扬个性，放飞心灵

著名语文大师叶圣陶曾说：“对一个语文教师来说，形成自己的教学特色，比不断丰富自己的知识更重要。”一些语文教育大师之所以能够取得成功，就是因为他们在教学实践中逐渐形成了具有个人特色（个性）的教学能力，教学个性化是教师个人气质、性格在教学活动中的反映和表现。

学生作为个体在不同阶段、不同方面具有差异性，个体与个体之间具有差异性，教师在语文教育中要针对学生的这种差异性区别对待。教师要凭着自己深厚的文化积淀对文本有独特的理解，并结合学生的实际展示自己的个性、尊重学生的个性，创设出充满活力的课堂。

每个人都以自己独特的个性存在着，语文教学要针对学生的差异性区别对待，要因材施教、尊重个人、尊重个性。为了尽量拓展学生发展的空间，必须给他们的个性以充分发挥的余地，而语文教育最有利于发展学生的个性。

语文个性化教学有哪些基本形式呢？

一、个性化阅读

《语文课程标准》中点明个性化阅读的主旨所在：“阅读是学生的个性化行为，不应以教师的分析来代替学生的阅读实践。应让学生在主动积极的思维和情感活动中，加深理解和体

验，有所感悟和思考，受到情感熏陶，获得思想启迪，享受审美乐趣。要珍视学生独特的感受、体验和理解。”课标清晰地指出了个性化阅读的特征和内涵。

个性化阅读的教学策略大体可分为：

1. 引导批注阅读

强调学生在独立阅读过程中，对课文的语言文字进行感知，对课文的内容、层次、思想感情、表现手法、语言特点、精彩片段、重点语句，在思考、分析、比较、归纳的基础上，用线条符号或简洁文字加以标记。学生根据自己的阅读体验，有感而发，自由批注，满足了个体学习的需要，促进了个性品质的发展。

2. 强化“阅读反思”

通过学生的自我思考、同学间的合作交流、教师的点拨和调节，反思自己及他人见解的合理性、完善性和正确性。

3. 注重延时评价

让更多的同学有更广阔的思维空间，使个性思维和个性品质得到充分发展。《语文课程标准》强调要“逐步培养学生探究性阅读和创造性阅读的能力，提倡多角度的、有创意的阅读”。倘若过早地对一个可能有着多种答案的问题给予终结性的评价，势必会扼杀其他学生的创新性与发散性思维。

二、个性化写作

所谓“个性化写作”，简单地说，就是学生能自主写作，写真情实感的文章，写出的文章有创新意识。教师作文教学风格与理念独具个性，在作文教学中能保护并发展学生个性。语文个性化学习的一项重要内容就是写作的个性化。课程标准对初中生写作的要求是："能具体明确、文从字顺地表述自己的意思。能根据日常生活需要，运用常见的表达方式写作。"

个性化写作的教学策略：

1. 培养学生感悟生活的能力

没有感悟的思想是苍白的，没有感悟的写作是浅薄的。教师要引导学生用心地感受生活，走进大自然，亲近大自然，多观察、思考、体验，激活思维，放飞他们的心灵。

2. 培养学生的个性

让学生敢于说真话、诉真情，以健康的心态、用自己的心灵感悟生活。

3. 培养学生的想象力

课堂上可以运用扩写、续写等形式，或借助具体物象，培养学生想象联想的能力。

三、个性化评价

教师要从知识与能力、过程与方法、情感态度与价值观几方面进行综合评价，体现以人为本的思想，尊重和体现个体的差异，激发个体的主体精神，以促使每个个体最大限度地实现其自身价值。鼓励设计一些开放性试题，这类试题不规定统一的标准答案，鼓励学生发表独立见解，做出自己富有个性的解答。评价要贯穿学习的全过程，不仅关注结果，更关注学生成长发展的过程。

四、个性化教师的素养

1. 教师要有创新意识

一名好的教师，不仅要用发展的眼光看待学生，同时也要不断充实和提高自己，实现自身的可持续发展，这是新时代为人师表的重要内容。对教师来说，修养是教育的载体，境界是教育的起点，人格是教育的风帆。

2. 教师要具备一定的专业功底

人们常说，要想给学生一碗水，教师就要有一桶水。还不仅如此，“问渠那得清如许？为有源头活水来”，这桶水还应是源源不断的活水。一个合格的中学语文教师，必须具备较为扎实的语言文学功底。

3. 教师在情感态度价值观上也应该有所发展

这种“情感”就是我们对学生应有的爱心，课程标准强调与学生进行平等的对话，这就要求我们在情感态度价值观上有所转变。

4. 教师还应该热爱生活，有生活的情趣

新课程给予了语文教师自由的翅膀，也给了生命个性飞扬的天空。如北京大学附属中学的特级教师程翔所言：“我们必须以自身为基础来吸取消化别人的先进经验。我们学习于漪老师，并非把自己变成于漪老师；我们学习魏书生老师，也并非

把自己变成魏书生老师。其实，你想变成于漪、魏书生也是不可能的。他们所达到的高度是属于他们自己的高峰，别人是不可企及的；你只能创造一座属于自己的高峰，这个高峰就是结合的产物。”

第三节　激励强化——激励赏识，自信自强

苏霍姆林斯基说："人的内心总有一种根深蒂固的需求，总感到自己是发现者、研究者、探索者。"著名教育家宁鸿彬先生就向他的学生提出"三不原则"，即不迷信古人，不迷信名家，不迷信老师。他善于维护学生的想象能力。但是，现在普遍的情况是，学生越到高年级，本应越来越活跃的思维却变得"内向"和"胆小"了，真正敢于在课堂开口的人实在是太少。随着新课程的不断推进，越来越多的老师开始用一种新的理念"赏识激励"学生。因此，我们看到了一种可喜的变化；过去，语文课上，老师一言堂，所有学生围着老师转，跟在标准答案后面转的模式不见了；取而代之的是学生主动参与的积极性大大提高，不管自己的想法有多幼稚，老师总是会用微笑来鼓励他的创意，夸奖他富有敢于思考、勇于发问的精神。一时间，语文课堂上闪烁着无数精彩的思维火花，迸发出许多值得回味的妙语佳句。我们惊奇地发现，我们似乎已找到一个解决疑惑的百宝锦囊。

一、激励与强化的概念

激励和强化是在课堂管理中调动学生学习积极性的管理手段的总称。

1. 激励，即激发和鼓励

激励是指思想政治教育必须科学地运用各种激励手段，使它们有机结合，从而最大限度地激发人们在生产、劳动、工作和学习中的积极性，鼓励人们发奋努力，为推动社会主义现代化建设多做贡献。

激励指激发、引导、推动行为指向目标的过程。激励过程涉及这样几个要素：

①人的行为由什么引起、激发并赋予活力。

②已被激活的行为引导到什么方向、何种“目的”上去。

③这些行为如何保持和延续。

④行为将以何种强度进行下去。所谓激励水平也就是实现某种目标的积极性大小。

2. 强化

强化是指随着人的行为之后发生的某种结果会对这种行为产生影响，那些能产生积极或令人满意的结果的行为，以后会经常得到强化。

反之，那些产生消极或令人不快结果的行为，以后重新产生的可能性很小，即没有得到强化。从某种意义上讲，强化也是人的行为激励的重要手段。

二、激励的基本原则

1. 激励的时机

从某种角度来看，激励原则如同化学实验中的催化剂，要根据具体情况决定采用时间。人力资源管理实际中，并不存在一种绝对有效的、时时适宜的激励时机，激励时机的选择是随机的。应根据具体客观条件，灵活地选择激励的时机或采用综合激励的形式，以有效地发挥激励的作用。激励原则在不同时间进行，其作用与效果有很大的区别。

2. 激励的频率

激励频率是指在一定时间进行激励的次数。激励频率与激励效果之间并不一定正相关，在某些特殊条件下，两者还可能呈负相关。因此，只有区分不同情况，采取相应的激励频率，才能有效发挥激励的作用。激励频率的选择受到多种客观因素的制约，包括工作的内容和性质、任务目标的明确程度、激励对象的自身素质、工作学习状况及人际关系等。一般来说，如果工作学习性质比较复杂、任务比较繁重，激励频率应相应提高；反之，则相反。对于目标任务比较明确、短期见效的工作，激励频率应当提高；反之，则相反。

3. 激励的程度

激励程度是激励机制的重要因素之一，与激励效果有极为密切的联系。所谓激励程度是激励量的大小，即奖赏或惩罚标准的高低。能否恰当地掌握激励程度，直接影响激励作用的发挥，过量激励和不足激励不但起不到激励的真正作用，有时甚至会起反作用。激励程度偏低，就会使被激励者产生不满足感、失落感，从而丧失继续前进的动力；如果设定的激励程度偏高，又会使被激励者产生过分满足感，感到轻而易举，也会丧失上升的动力。所以，要求人力资源管理者要从量上把激励做到恰如其分。

4. 激励的方向

所谓激励的方向是指激励的针对性，即针对什么样的内容实施激励。它对激励的效果具有显著的影响作用。根据美国心理学家马斯洛的需要层次理论，人的行为动机起源于五种需要，即生理的需要、安全的需要、归属的需要、尊重的需要和自我实现的需要。人的需要并不是一成不变的，它是一个由低到高的发展过程，但这一过程并不是一种间断的、阶梯式的跳跃，而是一种连续的、波浪式的演进。不同的需要通常是同时并存的，但在不同的时期，各种需要的作用是不同的。一般来说，当较低层次的需要相对满足以后，较高层次的优势需要才会出现。这一理论表明，激励方向选择与激励作用的发挥有着非常密切的关系，当某一层次的优势需要基本得到满足时，激励的作用就难以继续保持，只有把激励方向转移到满足更高层次的优势需要，才能更有效地达到激励的目的。需要指出的是：激励方向的选择是以优势需要的发现为前提条件的。因此，管理者在管理实践中要努力发现不同阶段的优势需要，正确区分个体优势需要与群体优势需要，以提高激励的效果。

三、激励与强化的方法

1. 语言激励

教师在教学过程中，要善于发现学生的长处和思维闪光点，捕捉到他们心灵的火花，只有点燃他们积极向上的火花，使他们得到愉快的情感体验，才能激发其内在的积极性。语言激励就是通过老师的话语，如：好、对、了不起、你很会思考、你真会读书等，表达自己的关注、肯定、支持等态度。语言激励要求语言表达清晰明确、立场鲜明、不含糊，更不能正话反说，以免引起误解。除使用有声语言，还可以使用无声语言。通过目光、手势、体位、微笑、点头、竖拇指、拍肩头、抚摸头等等，表示教师的态度。特别应该指出的是教师的目光，也是一种无声的语言，时时在变换中传递教育的信息，经常向学生投注自己的期待：或扫视，或凝视，或严肃，或轻松……学生的目光也在差异中反馈着某种接受程度的信号。教师在指出缺点和不足时，要少做“裁判”，多当“参谋”；要鼓励学生相信自己的力量，相信自己能够改正错误，获取成功。

2. 情感激励

情感激励，就是通过师生情感的交流达到激励的目的。教师对学生的爱和关怀是对学生的极大支持和鼓励。对学生积极的情感，要保护、引导，对积极情感要进行调节、转移和转化。在情感激励中，注意“情”，但不能放纵、护短和迁就，应始终严格要求、严格管理。当然，要严之有“度”，超过了“度”就破坏了“情”。另外，在评价学生时，要注意看基础、看发展、看整体、克服成见、摒弃“定型效应”，应充分肯定他正确的一面，对缺点错误则应多从正面启发诱导，指出努力方向。

3. 行动激励

对学生来说，教师是教育过程中最直接、最有象征意义的人物。教师的行为既是学生无形的榜样，又是对学生行为的有力支持。教师与学生有意义的互相参与，能极大地鼓舞学生，使学生心理素质得到强化。教师的行为是无声的命令，教师尤其要注意自身的榜样作用。

4. 物质激励

奖给学生一些小礼物（五星、红花、卡通人物）。

5. 象征性激励

奖本身无意义，但在师生约定好的情况下，将具有某种含义的事物作为奖励，如作业本上的笑脸、苹果、记分、等级、红旗、盖印儿等。

第四节　课堂评价——关注发展，以学论教

作为教师，一个魂牵梦萦的话题，便是怎样教出一流的“优课”。如今，在新课程的召唤下，我们不得不又一次问，“优课”的标准是什么？课堂教学本身的实质是什么？课堂教学要关注学生的全面发展，课堂评价的标准应该是“关注发展，以学论教”。课堂评价是在具体的教学过程中，教师对学生的学习状况表现出来的高超的评价艺术，是教学过程中必不可少且非常重要的一个组成部分。《基础教育课程改革纲要》指出：“教育的根本目的是为了每一位学生的发展”“教师在教学过程中应与学生积极互动，共同发展”，这是对新课程所倡导的教学观的简明概括。课堂教学要充分地体现和张扬这一现代教育理念，而且要在课堂教学策略中实施、在教学效果上体现。因此，新课程提出，关注学生在课堂学习中的状态应成为课堂教学评价的主要内容，改变以往的课堂教学评价表现出“以教为主，学为教服务”的倾向，建立“以学论教，教为了促进学”的评价理念。

“关注发展，以学论教”是现代课堂教学评价的指导思想。课堂教学评价具有促进学生发展和教师专业成长的双重功能。课堂上学生学什么、怎么学，与之密切关联的教师教什么、怎么教，是课堂教学评价的基本内容，这就决定了评价的着眼点，也就是学生学习的状态、接受知识的形态与教师教学的行为。其中，学生的学习状态成为课堂教学评价的聚焦点和出发点，

以此去审视其他两个方面的利弊与得失。

一、课堂教学评价内容及标准

1. 学生的学习状态

（1）参与状态

一看学生是否全体参与学习全过程；二看学生是否全身心投入学习全过程。

（2）交往状态

一看课堂上是否有多边的、丰富多彩的信息联系与信息反馈；二看课堂上的人际交往是否有良好的合作氛围。

（3）思维状态

一看学生是否积极思考；二看学生是否敢于提出问题、发表见解，是否具有挑战性与独创性。

（4）情绪状态

一看学生是否有适度的紧张感和愉悦感；二看学生能否自我控制与调节学习情感。

（5）持续状态

一看学生是否都各尽所能，并学有所得，感到踏实和满足；二看学生是否对后继的学习更有信心，感到轻松。

（6）生成状态

一看学生是否能生成预设内容；二看学生是否能生成非预设内容，给人意外的惊喜。

2. 教师的教学行为

（1）组织能力

以教材的组织能力、语言的组织能力、活动的组织能力对比，核心是教学活动的组织能力，即一般意义上的驾驭课堂活动的能力。

（2）注意中心

看教师在课堂的注意中心能否从自己的思想或教案转移到全班学生的思想上。

（3）教学机智

看教师是否具备敏捷快速捕捉教学过程中各种信息的能力，是否能灵活果断地采取有效措施，推动教学进程。

（4）教学态度

看教师在与学生的交往中，能否充分地尊重与信任学生，是否有对学生发展负责的态度，能否在课堂教学中对学生表现出应有的热情与宽容，能否保护和鼓励学生的好奇心，是否对学生表现出来的独特性与创造性给予应有的赞赏，而不论学生的这种表现出现在教师的什么心境之下。

（5）综合能力

看教师是否具有整合、变通有利于教学的各种课程资源，“跳”出学科进行大教学。

二、课堂教学评价思路的创新

课堂教学评价方法应该重视从以下几个方面去思考创新：

1. 目标设计

除了评价双基教学之外，课堂教学目标设计还应重视发展学生的整体素质，尤其是关注培养学生的创新精神与实践能力。

2. 师生关系

要求做到民主、合作与互动。其中互动包括：思想共振、感情共鸣与活动默契三方面。

3. 独立学习

教是为了不教。老师应该把教室变为学室，教材变为学材。教给学生学习的方法，而不是单纯地知识传授，这是课堂教学评价的重要标准。

4. 语言表达

要求从多方面对老师的语言表达能力加以评价，包括：内部语言，即思维语言；外部语言，又包括口头语言、书面语言、体态语言与机器语言等。

5. 教学节奏

要求教学节奏达到：缓急有序、动静相生、疏密相间、起伏有致、详略得当、有张有弛、收放自如、深浅适度、抑扬顿挫、随机应变。

6. 质量效度

既重视教学质量的评价，又重视教学数量的评价，还重视教学适度的评价，更重视教学效果、效率与效益的评价。

7. 教学风格

重视对教师教的风格与学生学的风格的认知与评价。

8. 高峰体验

所谓高峰体验，布鲁姆认为是师生在教学过程中达到认知与情感交融的最高学习境界；马斯洛则理解为可让心灵净化、视觉满足、精神愉悦的活动体验。由此，课堂教学评价必须重视对学生与教师高峰体验的研究。

第五章　课堂教学类型的优化

第一节　新授课——精简有效，别开生面

课堂教学是科学，也是艺术。

语文课堂教学艺术，是语文教师本身所具有的独特的创造力和审美价值定向在语文课堂教学领域中的结晶，是一个教师本身在长期课堂教学实践中积累起来的“教学经验”“教学技能”“教学技艺”发展的高级阶段和理想境界。

那么，在语文课堂教学类型中，新授课的教学在艺术性上应该体现得更为明显。所谓新授课，就是对学生来说都是尚未经历的新的学习环境。

新课程下，传统的语文课堂教学结构已经难以适应新课程教学目标的要求，它的灌输、呆滞、缓慢、乏味、机械、越俎代庖式的封闭做法将被自主选择、活泼积极、授之以渔的教学状态所取代。

语文新授课就像是一部电影的重头戏，如果设计和安排得好，就会收到很好的效果，但这需要语文课堂教学艺术。求实、创新应该是我们语文教学的原则，艺术也要服务于这一原则。

当前的创造性语文教学以“教师要带领学生去找水”来描

述极为恰当，在“找水”的过程中，去领会花香鸟语、莺歌燕舞。在教学活动中，不是教师教、学生学，而是教师正确地、恰当地组织学生进行学习活动，以实现教学过程的最优化。只有让学生学会自己“去找水”，才有喝不完的水。这里的“水”就是“求实”，既得到了所需，又感受了美妙。而达到寻找“水”的过程就是教学的艺术。

一、新授课的导入艺术

语文教学有许多环节，其中导入新课是课堂教学的第一个环节，是一篇新课文教授的开端。俗话说：好的开始是成功的一半。那么，一个好的导语设计也会使这堂新授课初绽光彩。正所谓课伊始、趣亦生。导语如同一块磁石，能把学生分散的思维一下子聚拢提升；导语如同一座桥，从旧课入手引出新知，承上启下；导语犹如一部曲的第一个音符，具有定调作用，其演奏质量直接影响整个课堂教学的气氛；导语犹如一支导火索，在教学中能唤醒学生，点燃、引爆学生的感情之火。

下面介绍几种导语设计的主要方法：

①借助新旧课内容或形式上的联系，用异同对比法设计导语。

②抓住学生心理，利用一些富有启发性的问题设计导语。

③联系实际，通过寻找现实中与课文有关的事物或学生关注的、感兴趣的事物设计导语。

④通过叙述一个富有哲理或幽默滑稽、生动形象的小故事设计导语。

⑤利用与课文有关的古诗词、成语设计导语。

⑥利用歌曲、影视片段、图片展示设计导语，给学生多种

感官刺激，激发学生兴奋点。

导语设计的方法是多种多样的，还可以从作者、作品、写作背景、故事情节等方面入手设计。不论采取哪种导语，都要因文而异、因人而异，使它同整篇课文的教学步骤和内容形成一个有机的整体。另外，可以尝试由学生在预习的基础上自行设计导语，并到台前代替老师主持开场。这样，既会让学生产生预习的兴趣，又会萌发强烈的表现欲望。如果学生设计得好，教师就不必赘述，如果有不足之处教师再补充扩展。

二、新授课的提问艺术

有人曾评价中西方教育的不同，认为中国式教育是“带着问号进课堂，带着感叹号出课堂”；西方教育是“带着一个问号进课堂，带着多个问号出课堂”。可见，“问题式”教学会驱动学生主动学习，是一种培养学生探索创新的良好方式，所以新课程教学提倡“以问题为中心”。

那么，语文教学中创造性提问的设计方法有哪些呢？

1. 设置重要障碍，激发创造喜悦

教师在提问时要注意结合学生的心理特点，设置一些障碍，尽量避免那种“是不是”“对不对”的无效提问。钱梦龙执教《愚公移山》时，不问“孀妻”怎么解释，而是问：小孩子七八岁就跟老愚公去移山，他父亲会同意吗？这比你直接告诉他“孀妻”的解释要强很多倍，因为答案是他们自己发现的，印象自然深刻，而更为重要的是，这样的提问能给学生带来克服障碍的喜悦。在提问中故意设置一些障碍，把学生的思维之水逼到绝壁之上，让它从天而降，化为壮观的瀑布。

2. 拓展思维空间，打开想象之门

在对文学作品的阅读教学中，教师的提问要注意语境，鼓励学生进行发散性思维。如：《我的叔叔于勒》中，如果菲利普夫妇在船上发现一位百万富翁像于勒，他们的表情将会怎样？他们夫妇之间将进行怎样的对话？这些问题的巧妙提出，在于挖掘和培养学生的创造性潜能，答案自然是丰富多彩的。教师在问题提出之后要把握好自己的角色，明白自己只是一位顾问，或者是一位交换意见的参与者。

3. 做好层层铺垫，巧妙抛出话题

教师在提问时，要让学生对所学材料感兴趣，否则再好的技巧也是无益的。一位特级教师在上《中国石拱桥》时，要求学生不看课文，用一句话说明挂图中拱桥的三个拱的位置，学生跃跃欲试，争相回答，有的说大拱的两边有两个小拱，有的说大拱的上边有两个小拱。这时，老师轻轻一问：书上怎么说的呢？学生迫不及待翻书，原来是“大拱的两肩上各有两个小拱”，由此而悟到说明文语言的准确性。

4. 巧设对立面，脑与脑之间进行对垒

在课堂提问中，教师要注意倾听不同的声音，巧设对立面，从而活跃讨论气氛，更主要的是让学生在交锋中迸出智慧的火花。如：讲《我的叔叔于勒》时，教师在提出主人公是谁时，就要注意将赞成是“于勒”的和赞成是“菲利普夫妇”的学生分为两派，让他们认真去研究课文，鼓励他们去说服对方。

总之，教师只有讲求课堂提问的艺术，运用各种方式、技巧，学生才会有“一番觉悟，一番长进”，既增长了知识，又开启了智力，甚至有闪光的发现、独到的体验。优秀的课堂提问是“山重水复疑无路，柳暗花明又一村”中的那一束花，是“蓦然回首，那人却在灯火阑珊处”的那一盏灯。

三、新授课的讲解艺术

“讲”是语文教学研究中牵一发而动全身的核心问题。讲的艺术在于教学中是否能调控好适当的节奏，努力营造张弛得法、快慢协同、高低起伏、疏密和谐、新颖别致的课堂氛围，激发学生兴趣，引起师生共振，提高教学效率。

1．启发性原则

启发性是现代教学的基本原则。通过点拨启发，激活学生的主动性、自觉性和独立性，培养学生丰富的想象能力和产生创新思维的习惯，提高学生分析问题和解决问题的能力。

2．新颖性原则

语文课堂教学的讲解，教师要力争课堂教学从内容到结构，从手段到方法都能达到新异、新奇和新鲜的效果，要达到“人无我有，人有我优”的理想化教学境界。

3．交互性原则

语文课堂教学的讲解强调个体之间的交互功能，包括师生之间、教师之间、学生之间的互相交流与合作。教师应该把学生作为真正的教育主体，尊重学生的思想、情感和行为方式，为学生创造生动活泼、有益于创造品质形成和创造力提高的环境。

4. 示范性原则

语文教师应该在创新实践中不断发现创新的模式及能力形成发展的规律，使学生在教师的课堂教学创新中得到启发，并在教师的创新意识、思维以及能力等因素的感染、带动下，形成和发展自己的创新力。

四、新授课的收尾艺术

结课的好坏，是衡量教师教学艺术水平的重要标志。诸多的优秀教师大都讲究恰到好处地“结课”：或归纳总结，突出重点；或巧设悬念，引人深思；或新旧联系，铺路搭桥，等等，显示出了精湛高超的教学艺术。但是，也有很多教师却忽视“结课”，有的听到铃声便戛然而止，有的超前结课。因此，很有必要来探讨一下结课的艺术与原则：

1. 结课要有整体性

课堂教学每一个环节都应紧扣教学内容，尤其是结课也要成为整个课堂教学的有机组成部分，做到与导课相呼应。

2. 结课要有适度性

一堂课的时间是有限的，应合理分配时间，注重环节的衔接性，巧妙地安排结课，切勿持久战。

3. 结课要有连续性

从心理学角度看，一堂课结束前几分钟，学生思维最为疲乏，大脑处于饱和状态，对外界信息，尤其是教学内容极其排斥，因而这也是学生学习效率最低的时候，也是最需要来自外界的强烈刺激，以保证学生兴趣的持续性的时候。而教师精心设计的结尾恰恰就能起到重新振奋学生精神，使其顺利完成整个课堂教学的作用。

五、新授课的一般教学模式

1. 导入新课

教师要根据教学内容的不同，利用生活实例，创设问题情境，引发学生兴趣，为新授课做好铺垫，要求做到简洁、精练、新颖，能激发学生的主动性和创造性。

2. 出示教学目标

教学目标应包括知识与能力、过程与方法、情感态度与价值观三方面。教师要明确重点、难点，提醒学生注意听。

3. 整体感知课文

可以默读，也可以采用分组阅读比赛的形式。

比赛规则是：分为若干组。每组出一名同学阅读，本组与其他组专心听讲，准备评价与指出错误。本小组指出错误不扣分，其他小组每指出一处扣 1 分。如果本组和其他小组都没有指出错误来，而由老师指出来的话，也不扣分。这样，能调动绝大部分学生的积极性。

另外，单人阅读还可以改为二人和三人合作阅读，以训练学生们的协调合作能力。

4. 设计与探究问题

教师先把问题提出来（一般不超过 4 条），每组学生可以根据自己的兴趣爱好探究、回答问题。可以采用问答的方法，可以采用讨论的方法，只要能解决问题均可。要调动学生积极思考和讨论，小组每回答对一个问题加 2 分或酌情加分；也可以由学生提出问题，师生共同讨论，提出有价值的问题亦可加分。

5. 教师点拨指导

教师既可在学生发言中点拨，也可以在进行小节时点拨。教师要指导学生运用适当的学习方法，发现学生的个性特点。在学生回答时，要注意引导学生主动发表意见，或根据问题的难易选择不同类型的学生来回答，并及时肯定学生的积极表现。

6. 学习效果反馈

这一环节的主要做法是让学生回答课后的问题。现行教材的课后问题设计得比较科学、合理，难度适中，通过口答、笔答等形式，很容易了解到学生学习的情况。通常利用 5 分钟左右完成，并且进行查缺补漏。

7. 总结与提升

采取预留课外作业的方式，作业要系统、有条理，紧扣教学目标，可分选做题和必做题，或者指导学生谈学习体会、收获，并提出学习建议。

此方案可根据教学需要适当地调节。

第二节 欣赏课——珍视独特，陶冶性情

大千世界，万物琳琅满目，千姿百态，美总是事物的客观存在，而文学作品则是万千世界的自然、生活的情趣美、物态的形象美和人物的情操美、理想美的艺术语言的总结和作家情感的凝集。因为文学作品是作家用审美的观点观察生活、体验生活，抓住生活的美点，捕捉生活的珍珠，用形象思维、炽热的情感对社会生活的真切写照，或是对未来理想追求的形象描写。因此，人们阅读文学作品，甚至浏览消遣，总离不开文学作品艺术美的熏陶，总渗透着潜移默化的艺术思想的感染，总伴随着审美欣赏时创造性、思维性心理活动的展开。

粗略统计：中学语文课本有三百多篇文章，其中诗歌、散文、小说和戏剧等文学作品就占三分之二以上。因此，如果我们在教学中采用彼此相适应的有效教学形式引导学生去学习这些课文，就能够使学生的再创造能力得到良好的培养和提高。尽管审美赏析属于高一层次的要求，但教学实践告诉我们：审美赏析不仅可行，而且非常必要。

初中语文欣赏课型创新的内容，主要着眼于课堂活动的课型创新，做到有力度、有实效。“欣赏课”教学中一个极为重要的环节就是“朗读”。课型可以采用教读课、品读课、练读课、背读课、比读课等多种形式。同时，注意课型的设计与运用，如：朗读课型、诵读课型、文学欣赏课型、活动课型、积累课型等。

欣赏课教学应针对不同年级选择不同文本。选择文本要注意以下三个方面：文本是否让学生感兴趣；文本是否便于学生去理解、欣赏；文本是否有一点值得学生去欣赏。

七年级欣赏课侧重朗读，要引导学生通过口、眼、心、耳等各种感官全身心地进入文本，使其产生审美愉悦，激发审美创造。形式上既可以是教师有感情的范读，又可以是学生对文本进行品读；既可以是借音乐轻读，又可以是分角色朗读；既可以是课内精读，又可以是课外泛读，篇幅既可长，又可短。让学生在反复吟读之中，披文入情，从而形成整体感知，能够体会作者的态度、观点、感情，理解课文的内容，读懂文章的主题；在读中拓宽视野，在读中提升素养。“余音绕梁，三日不绝”是好的音乐带给人的感觉，读古诗文也能读出这种味道，“读之者尽而有余，久而更新。”古诗文不但要多读，还要不断创新。用翻译解说内容，用描述再现意境，用抒情表达感受，用吟诵沟通情感，用赏析创新思路，这些都是读古文值得一试的好方法。然而，要读出余味，还需要在课的尾声再掀起一个高潮，让学生在精彩纷呈之中回味无穷。

八年级欣赏课侧重感悟，更突出学生的主体性阅读，即学生在教师的指导下，对阅读文本展开主动参与、积极感受、独立探究、不断领悟的活动。让学生主动品味作品中的韵，去感悟作品中的神，去探寻作品中的美。这样在学生主体阅读过程中，启发学生感悟文章中重点语句、重点字词，所表达出来的形象美、色彩美、声音美，从而去悟韵。还可以调动学生的想象，激发已有的经验，多角度、多侧面地理解文本蕴含的思想，从而去悟意。另外，也可以引导学生探索文本空白，适时创写，达到感悟美文的效果。

九年级欣赏课侧重评析，九年级面临的是中考，是升学，阅读欣赏显得尤为重要，要注重对学生的情感、态度的培养，关注学生的科学价值观、人生观、世界观的形成。使学生主动、自觉、直接地去参与阅读过程，参与讨论、探究、合作学习，在学习和掌握知识的过程中逐渐形成语文能力，利用阅读欣赏课去熏陶高尚情操与趣味，发展个性，实现创新。

有人说：文学就是人学。因为文学作品是作家认识生活、心血的结晶、情感的载体。同样，读者在赏析文学作品时，总也离不开情感的共鸣，否则就无法激起读者对作品美的快感。如果没有同作品艺术境界波动的共鸣，也就不可能使欣赏者产生再创造的丰富艺术联想，当然也就无美感可言。在教学中可按赏析的“三部曲”引导学生赏析作品，以培养他们再创造的读写思维能力。

一、引发兴趣，激发美感

文言诗词是最袖珍、最精练的文学样式，它往往借助意象来渲染一种氛围，借助跳跃的诗行来表达一种意境。其和谐的音韵，或铿锵，或缠婉，或明快，或含蓄，只有反复朗读，反复咏唱，才能体味得到，只有读到了位，才能把眼前的方块文字，转化成一幅幅鲜活生动的画面。“读书百遍，其义自见”“文章不厌百回读，熟读精思子自知”“读书破万卷，下笔如有神”，正是古人对“读”的作用的经典概括和诠释。

感知是赏美的基础，而兴趣则是感知的先决条件，世界著名物理学家爱因斯坦说过：“兴趣是最好的老师。”因此，教学中要采用多种方法来激发学生赏析文学作品的兴趣，以激发他们对作品的美感。

1. 放录音或分角色朗读

对课文中篇幅短小、语言华美、情感丰富而意境深远的作品，就预先制作好录音，课中播放让学生听，刺激他们的听觉感官，激起他们心灵中爱美的兴趣。让学生一个个全陶醉在美的旋律之中，达到激起学生赏美兴趣的目的，并使他们获得了赏析的初级感受。

然而像小说、戏剧之类的作品，由于有激烈的矛盾冲突，有鲜明的人物个性特点，就事先要求学生熟悉课文，课内安排学生分角色朗读，目的是为了造成一种真切的、戏剧性的艺术氛围，以刺激学生感官的注意力，使之沉浸在激烈的戏剧冲突中，产生思维的联想。

2. 启发性的导语，激发学生赏美的情趣

篇幅较长的文学作品，就采用赏析前的导语以拨动学生的心灵，叩响他们赏美的琴弦。教学实践证明教师采用扣人心弦的精要导语，也是激发学生欣赏作品兴趣的好方法。

3. 采用与赏析作品有关的一幅图画或一曲音乐入题，也是唤起学生赏析作品兴趣的好方法

二、透视美的层次，捕捉美的感光点

赏析文学作品也如同彩色胶卷拍片，经感光冲洗才能映出色彩层次分明的图像。因此，引导学生赏析一篇文学作品，寻找、发现、捕捉作品美的多层次感光点尤其重要。纵然文学作品美感的层次像七色的光环那样映得人们眼花缭乱，但我们可以引导学生像欣赏一幅彩照或美术作品那样从不同的艺术角度，

通过形象思维与抽象逻辑思维交替进行的方法，对文学作品美的复杂感光层次做出细腻的分析和精当的抽象概括。一般说来，在进行此程序时，就要求学生在熟悉作品的基础上，尽量展开丰富的联想，从不同的角度，或语言的，或形象的，或构思的，或意境的，或艺术特色等方面去赏析作品，展示艺术美的层次。

三、印出美的画面，赏析美的感光点

这一程序要比前两个程序更为复杂，主要采用赏析讨论或写赏析读后感，然后交流的形式进行。因此，赏析讨论时学生往往对作品美的不同感光层次赏析挖掘得较深透，分析得较全面，而且常有独到的见解，甚至超出“教参”的分析和教师的原有设想，具有无比的丰富性。

第三节 讲评课——有的放矢，认识自我

讲评课与新授课、欣赏课、复习课、综合课一样，是一种重要课堂教学类型。根据系统论和信息论的观点，教学过程是一个完整的信息系统，即通过教学活动使学生接收信息；通过学习巩固，使学生储存信息；通过作业、练习、检测，使学生输出信息；通过讲评，反馈信息。通过讲评，学生对学习就会有正确评价，有的放矢，认识自我。教师应该通过讲评发现问题，因材施教。因此，在学习过程中，每一个章节每一个单元都要进行一定的练习和检测，在学期中或学期末也要测验和考试，来巩固检验所学知识，然而这些练习如不及时讲评（包括作文讲评），就会使信息反馈受阻，从而失去了检测和考试的意义，降低了它们的效果。所以，及时讲评是教学过程中不可或缺的一环，只讲不练，只练不讲，或虽讲评却不及时，没有实效，都会影响教学效果。

“新课程”背景下的教学改革向我们提出了更新的教学观和学生观，大部分教师把热情和精力投向新授课，不注重此类课型的优化，讲评课成了“被遗忘的角落”，教师缺乏热情，往往对答案照本宣科，学生容易厌倦，效率不高，这实际上会影响教学效果。因此，我们每个教师应该引起高度重视，应该以更新的理念去组织试卷讲评，上好讲评课。

根据讲评的对象，广义上说，讲评分检测讲评和作文讲评。检测讲评可分课堂练习讲评，课外作业讲评，单元形成性检测

讲评，月、期中、期末等总结性检测讲评和系统复习检测讲评等。

《语文教学系统理论纲要》关于“优化语文成绩测试系统”对语文测试的目的和要求：“引导学生系统复习学过的语文知识，检查其理解掌握语文基础知识及基本应用技能的情况。”讲评课是实现这个目的的手段。讲评课如何上呢？技法是“仁者见仁，智者见智”，但一定要遵循新课程、新理念，突出学生的主体地位，讲究教学艺术。

一、应遵循新的理念，突出讲评课的特点

新课标向我们提出全新的教学观和学生观：“它倡导课堂教学应是学生大量参与，乐于探究，培养其发现问题、分析问题、解决问题的能力及交流合作的能力。”

《语文课程标准》对作文修改的评价是这样的：“不仅要注意考查学生修改作文内容的情况，而且要关注学生修改作文的态度、过程和方法。要引导学生通过自改和互改，取长补短，促进相互了解和合作，共同提高写作水平。”

作为规范性教育评价的考试，由于它的权威性，其作用是不可低估的。“考试不仅是为了考查学生主观课程目标的程度，更重要的是为了检验和改进学生的学习和教师的教学，改善课程设计，完善教学过程，从而有效地促进学生发展。”试卷讲评是语文课程评价的一种手段，其意义体现在：通过试卷讲评课，教师发现教和学中存在的问题，有针对性地讲解学生答题中出现的典型错误并分析原因，同时，向学生做学习方法与应试技巧的辅导，以提高学生的学习兴趣，让学生认识自我，提高自己，有的放矢，培养学生勤学上进、诚实谨慎的良好学风，

使学生全面发展。

二、讲评课应遵循的原则

1. 要重视讲评的及时性

讲评效果取决于讲评是否及时。教师可针对学生新出现的问题及时安排讲评，充分利用学生刚留下的记忆表象，及时纠正错误，可针对学生的基础问题，做预防性的讲评，减少类似错误的出现，为学生学习新知识扫除障碍。

2. 重视讲评中查漏补缺的原则，注重学生的自查

“新课标”提出的知识能力要求，是学生应达到的最基本的要求，也只有掌握了基本的知识点，才有可能向纵深发展。检查出学生不理解或没掌握的知识点，查出造成知识点漏缺的主要原因（学生没有将漏缺内容纳入知识系统和技能体系中，对课堂所讲知识的联系，对知识要素的相互制约关系不够理解），因此，教师在讲评课时，应根据试题内容，针对不同情况，设计补偿性题目，以弥补其缺陷。一般来说，基础性知识，学生可以借助工具书、诵读语感等学习方法和学习能力，找出正确答案。教师的主要任务是通过分析找准失分较多题型，进行讲评，不要面面俱到，要有针对性，抓关键性、典型性问题加以剖析，做到有的放矢，避免简单重复，提高学生听课的注意力，提高时间利用率和试卷讲评效果。

3. 讲评时注意由点及面、由此及彼，全面提高学生的语文素养

由于受考试卷面、时间限制，试卷不可以面面俱到，教师

在讲评时都可以以点及面，由此及彼，反映知识的前后联系，有意识地把遗漏的知识点联系起来，形成一个完整而又牢固的知识网络。同时，也应该针对某些知识点进行适当的拓展和加深，以达到用教材中的知识点和思维方法解决较为复杂的问题。通过大容量、广角度、深层次的讲评，使同类问题规律化，零散知识集团化，解题思路最优化，思维角度分散化；使试卷讲评既可起到归纳、整理、升华知识的作用，又可起到促进学生积极思维，巩固双基，构建知识系统，引导学生灵活运用所学知识培养综合能力，提高综合素质的作用。

4. 重视答题的规范和技巧

答题的规范和技巧是提高答题质量和速度最有效的办法，在评卷中也应引起高度重视。教师应对学生进行读题、审题、规范答题的训练，使学生抓住题意关键，寻找答题突破口，按要求规范答题。在作文讲解上，也应强调规范和技巧。

5. 充分发挥试卷讲评教学的激励功能，激发学生学习的自主性、积极性

在行为科学中，所谓激励的含义，主要是指激发人的动机，使人有一股内在的动力，朝着所设的目标前进时的心理行为过程。心理学研究指出，学生学习主要是为了取得成就而不是为了某种报酬。因此，成就动机在学习中有重要作用。而作为成就动机之一的“自我提高”占重要地位，教育评价给予学生的表扬、分数和名次，能满足这种自我提高的需要，成为激发学习动机的诱因和强化物。正因为如此，学生最关心分数名次。试卷讲评，要本着多表扬、少批评的原则，从不同角度，对不同的学生进行表扬，使每个人都有成功的体验，从而激发学习

热情。同时，在讲评时，一定要避免教师“一言堂”，应发挥学生的主体地位，除了让他们自查，充分认识自我，及时取得自我教育的效果，更主要的是让他们参与讲评，使师生的互动最优化，追求以学生为本，一切为了学生的素质教育的宗旨。作文讲评也应如此。

当然为了提高试卷讲评的效果，在讲评前要做好充分的准备，并选择恰当的方法加以运用。比如：“直接讲评法”“归纳讲评法”“角色互换讲评法”“专题评析法”“自我纠错法”，等等。还可采用“讲解模式”“讨论模式”“对话模式”“探究模式”等。

总之，教师要牢记“一切为了学生，为了学生的一切，为了一切学生”的宗旨。

以上，主要针对试卷的讲评做了分析。因为作文讲评也遵循同样的理念和原则，故不在此赘述。

第四节 复习课——温故知新，拓展迁移

复习课是一种再现教学内容，巩固和完善认知结构，深化基础教学的课型。复习课教学的主要环节，是通过相应的教学组织形式和科学方法，对学生大脑皮质处于潜意识状态的已学知识唤起全部记忆，牢固掌握，并进一步形成能力的过程。上好复习课能达到整体记忆、加深理解、灵活运用的教学目的。“温故而知新”，强调了复习的重要，但由于多年固定的复习模式，使学生一提起复习课便没了兴趣。为了克服学生的疲倦情绪，复习课确实需要老师们动些脑筋，提高艺术性，从而给学生更多的刺激、更多的感受、更多的收获。复习课的特点和它在教学中的作用是我们首先应考虑的，不要失其根本，为了更大程度地激发学生的兴趣，加强教学效果，体现新的课程理念，采用什么样方式，动用什么样教学手段，要因人而异，因学情而异。

一、复习课的教学功能

复习课从不同的角度可分多种层次类型：平时复习、单元复习、期中期末复习、系统复习、专题复习、综合复习、中考复习、高考复习，等等。我们平时说的复习课一般是指单元或系统复习。

复习课前提是巩固知识，但在复习中会有更新的体会和发

现，具体可解析为：总结—提高—巩固—加深。

·提示总结规律。通过复习使学生对重点内容有更深的认识，使知识更加条理化，促进学生认知结构的建立，培养学生归纳问题的能力。

·巩固基础，弥补缺漏，熟练技能，加深理解掌握，提高运用能力。

·有意识地培养学生的多种能力，开拓学生的视野。

·为教材后面的学习打好基础。

前面知识没有学好，后面的知识理解接受起来会很困难。正是由于复习课的这个特点，在复习的时候，应遵循规律，设计得体，既“温故”又能“知新”。“温故”是“知新”的基础和前提，“知新”是“温故”的拓展和延伸。

二、复习课体现的原则

1. 温故知新、循序渐进的原则

就是要体现出复习课的特色，不能填鸭，也不能摆花架子，要遵循课型规律。

首先，教师的引导要求教师必须把复习的某一单元或某一类型的知识反复研究，抓住关键，理出规律，精心设计思考题，运用自如地驾驭教材，这样，教师才能发挥启迪和引导作用。

其次，在教师的启迪引导下，让学生带着思考题边读书边思考，达到知识梳理、唤起记忆的目的，建立学科结构（把有关知识点根据其相互联系、相互作用组合成系统整体），这样，学生在教师引导下，懂得了学科结构，掌握了整个学习内容，促进了知识技能的迁移，正如布鲁纳讲的“获得知识如果没有完善结构把它们联系在一起，那是一种多年被遗忘的知识”。

再次，还必须巩固消化，使基础更牢固、更扎实，能力得以强化形成语文素质。这一步要精讲巧练。

最后，总结学习经验，拓展延伸。引导学生将某一知识点放到结构中，去理解，去记忆，去迁移，联系和运用，有效提高学习能力。这样学生由浅入深，既系统复习知识，又掌握复习方法，提高能力。

2. 要有较强的目的性和针对性原则

目标是指复习时的教学目标，要根据课程标准、教材要求、考试说明和学生的实际来设定目标。目标的设定是把握主要知识点、能力点、考点，在认知目标和技能目标上下功夫，要明确这些点在不密闭中应达到的思维层次（识记、了解、理解、应用），不仅重结果，更要重过程和方法，重情感态度和价值观，增强学生的体验。目标要交给学生，只有这样才能保证教与学具备较强的针对性，才能利于学生从新的认知高度上，运用联系、对比、归纳整理方法，再巩固旧知识。绝不能漫无目的，一堂又一堂，机械重复。脱离学生实际，让学生繁重地复习，理不清头绪，不会举一反三，不会灵活运用。

3. 要交给学生科学的学习方法原则

一堂好的复习课，实际上就是交给了学生一把金钥匙。学生运用这把钥匙打开的将是宇宙之门，任何一门学科，都有其规律，抓住规律，你就能举一反三，轻松自如。复习课要培养学生“一叶落而知天下秋”的能力，相关知识串联的敏锐感觉，学会运用联想法，无限生发，由“吹面不寒杨柳风”想到有关“风”的诗句还有哪些，由“风”联想到“雨”“雪”，由“长江”联想到“黄河”。由历史联想到现在，由政治联想到经济军事，还可以“由点到面”拓展，如：由课内复习《美猴王》联想到《西游记》中孙悟空还有哪些更有趣的故事，你怎么评价猪八戒、唐僧、沙僧等。还可以以时间为经，以空间为纬，纵横交错，形成一个知识体系，如：复习有关爱国词人辛弃疾，可以回忆同时代人，其他时代的爱国诗人，时代背景与诗人思想感情关系。归纳他们的诗词、名句，这样能使零散知识连缀起来，形成知识网等。

4. 应突出学生这个主体原则

在复习教学中，教师要安排、组织、引导学生积极参加复习全过程，使他们动手、动口、动脑，多实践，多思考。引导学生自查、自测、自评、查漏、补漏、质疑问难。针对各自的学习缺陷，进行补救。多采用自主、合作探究方式，来调动学生的积极性，引导学生参与问题发现、错因分析、矫正措施制定，以增强学生亲身体验和感受，促进学生自我评价和独立矫正失误能力的提高。创设良好课堂氛围，关注每一个学生的学习发展。同时复习课更需要三维目标的体现，使老课型焕发生机，更具魅力。

5. 要处理好讲与练的关系原则

讲，要讲重点、讲难点、讲联系、讲思路、讲方法、讲过程；讲要有针对性，要讲到位、重刺激，讲到关键处，要重视学情，要简明扼要、有新意，忌机械重复、蜻蜓点水。

练，选题要有典型性，抓好训练点，兼顾题型，注意综合性。练要规范、准确、熟练，三位一体，从严要求，要定量限时，提高练习速度，增大思维密度，培养应考能力。倡导师生互动，鼓励学生参与。

最后，还是这句话，世界上没有一种方法是全能的，只要能体现现代的教育理念，尊重科学，尊重人的全面发展和长期发展，你的方法就是最好的。

第五节　综合课——综合发展，全面提高

语文教学的根本任务是培养学生的听说读写能力。叶圣陶指出："学好语文就是学好听读说写四项本领。"语文教师的任务就是帮助学生做到能听、能读、能说、能写，听读说写更有连带关系，听就是用耳去读，读就是用眼去听，说就是用嘴去写，写就是用手去说，"你中有我，我中有你""你帮我，我助你"，谁也离不开谁。语文能力是口头与书面、吸收与表达的综合。听和读是口头语言，读和写是书面语言，各有各的用场，不能有所偏废；听和读是吸收别人的思想，说和写是表达自己的思想，各自承担各自的任务，不可顾此失彼。因此，教学中要注意听说读写的整体发展。听说读写整体发展是一种综合性课型，是语文综合性学习的一种表现。教学中，教师要在课堂综合体现听说读写，把教学过程变成听说读写"四能"培养的过程。

一、综合性学习的内涵

语文综合性学习是以语文学科为核心，注重语文学科与其他学科、学生生活和社会生活之间的整体联系，从学习者的兴趣与需要出发，以活动为主要形式，综合运用各种学科知识、技能和学习方式，培养学生综合运用知识、解决问题能力的学习。语文综合性学习重视学生的主动参与，强调学生自主学习，

关注探索和研究过程。综合性学习体现了语文综合化和生活化的理论，是对“大语文”教育观的实践，是因材施教、实施差异教育的必然选择，更是对现有课程资源和地区资源的有效开发和利用。

《基础教育课程改革纲要（试行）》指出：“倡导学生主动参与，乐于探究，勤于动手，培养学生搜集和处理信息的能力，获取新知识的能力，分析和解决问题的能力。”这就是综合性学习的价值所在。这个出发点无疑是对我们以往的语文教学“以本为本”的矫正。

二、语文综合性学习应遵循的原则和应注意的问题

1. 要从语文学科出发，守住自己的领地

开展语文综合性学习，应将教学设计的重点放在“拓展语言学习和运用的领域，注重跨学科的学习和现代科技手段的运用，使学生在不同内容和方法中相互交叉，渗透和整合中开阔视野，提高学习效率，初步获得现代社会所需要的语文实践能力”上。比如《探索月球奥秘》的综合性学习，你尽量让学生收集有关“月球”的篇章或者让学生进行新的创作时，可以走进天文馆，走进大自然，但目的是让学生阅读理解表达交流，提高搜集和处理信息能力，而不是关于月球的知识。但是，我们还应该重视作为发展语言凭借的跨学科、跨领域的知识，因为它支撑起了学生在这个学科或领域学习语言，发展能力的空间，但是不能忽略语文教学中语文的地位。活动为学生建立了说话和写作的平台，激发了学生的写作能力，给学生的生活增添了活力，在查资料的过程中感受到优美语言和历史文化的深厚，受到审美教育，同时又激活了学生的想象力。这是值得肯

定的。

但是也要防止语文综合性学习“唯语文”倾向。避免单一技能的活动演练，不考虑综合性要求。如：有的老师把语文综合性学习当作情景作文，认为开展语文综合性学习只是收集资料、积累素材。有的老师就把《春雨》这一综合性活动课上成“春雨”名句、名诗、名篇鉴赏课，有的老师则当成以“春雨”为主题的作文课，实际上这一活动课除了鉴赏写作外还有以下的期望：培养学生探索、追寻、调查研究的兴趣和能力；培养学生留意身边的生活；感悟中国文化的博大精深，生发对祖国、对民族的热爱，对中国文化的热爱、情感，等等。当然，在综合性教学中，要善于对教学目标进行及时调整，着眼于“人”的和谐发展和全面发展。教师在活动中要注意引导激发，而不能在活动结束后来甄别优劣。

2. 要注重综合性

综合性是指学习目标的综合、学习内容的综合、学习方式的综合。

（1）学习目标的综合

包括识字与写字、阅读、写作和口语交际这四项学习目标的综合。

如：用口头或图文等方式表达自己的观察所得；用口头或图文等方式表达自己的见闻和想法；以书面与口头方式相结合表达自己的观察所得；尝试运用语文知识和能力解决简单问题。

还包括“知识与能力”“过程与方法”“情感态度与价值观”三个维度目标的综合。如“综合性学习”的一些目标中包含了情感态度和价值观内容。

在活动中学习语文，学会合作；学习辨别是非善恶；体验合作与成功的喜悦；关心学校、本地区和国内外大事。

（2）学习内容的综合

语文知识的综合，要求在家庭生活、学校生活中，提出感兴趣的问题，尝试运用语文知识解决问题；语文能力的综合；语文课程与其他课程的综合；语文实践过程的综合，让学生在读书、写作、调查、研究等多种学习活动中提高语文素养。

（3）学习方式的综合

包括书本学习与实践活动的结合、接受学习与体验学习的结合、课内与课外学习的结合，同时又是自主、合作、探究学习方式的结合。

根据综合性学习目标，综合性学习大致可分为三类：

第一类，基本上在语言、文字的学习和阅读、写作、口语交际的课堂教学范围内，将“听”“说”“读”“写”整合在一个题目下。

第二类，就是将语文教材和课堂教学延伸出去，开展语言、文字、文学方面的学习活动。

第三类，超越语文学科，涉及其他学科或领域。例如：“环保小课题研究”等。

3. 要重视语文实践性

（1）《语文课程标准》中第四学段（7～9年级）目标如下：

·能自主组织文学活动，在办刊、演出、讨论等活动过程中，体验合作与成功的喜悦。

·能提出学习和生活中感兴趣的问题，共同讨论，选出研究主题，制订简单的研究计划，从报刊、书籍或其他媒体中获取有关资料，讨论分析问题，独立或合作写出简单的研究报告。

· 关心学校、本地区和国内外大事，就共同关注的热点问题，搜集资料，调查访问，相互讨论，能用文字、图画、照片等展示学习成果。

· 掌握查找资料、引用资料的基本方法，分清原始资料与间接资料的主要差别；学会注明所在资料的出处。

（2）综合性学习的特点

综合性学习特别注重学生对学习内容在实际中的运用，特别注重学习的过程及学生的实践和体验。

· 重探究，重应用

培养学生对事物的好奇心，产生强烈的探究兴趣，具有问题意识，使学生在课内学到的东西在实际生活中得到锻炼，增强信心和兴趣，这是综合性学习的前提。随着学生的发展，语文实际应用的范围越来越大，学生的实践能力也越来越强。

· 重过程，重参与

关注过程，就是关注学生对学习活动的参与及参与程度。学生有强烈的参与意识和合作意识，人人能主动积极地投身其中，善于与他人合作，这是综合性学习的保证。比如：项目确立和内容设计是否具有学习价值可探索性；资源利用是否具有最优性；探究方法、学生思考问题的方式和策略是否科学；实践行为是否能做到全员参与和全程体会；学生所提出的见解是否有效；学生在活动中的合作态度是否积极，合作能力是否得到发挥等。

· 重方法，重体验

学生养成良好的学习习惯，掌握学习方法，有利于终身的学习和发展。课程实施的各个环节都要重视“方法教育”在综合性学习中让学生掌握的方法，主要是注重各种知识和能力的“整合”、课内外学习“结合”、书本学习与实践活动“结合”、语文课程与其他课程“沟通”。

三、语文综合性学习实践活动的步骤

1. 确立课题阶段

教师要让学生当语文实践的主人，充分发挥学生的主体作用。实现自主性，主要由学生自行设计和组织活动，特别注重探索和研究的过程，强调观察周围事物，亲身体验，包括自然生活等各个方面，做到有所感受，有所发现，这是综合性学习基础。从学习主体的特点和需要出发，考虑并设计“综合性学习”课程目标，给学生比较多的选择余地，活动内容和方式可以由学生自主选择确定。

①对周围事物有好奇心，能就感兴趣的内容提出问题。

②组织有趣味的语文活动。

③就世界关注的热点问题搜集资料、调查访问、相互讨论。

④能组织文学活动。

⑤独立或合作写出简单的研究报告。

扫清学生综合性学习障碍，创设情感，激发热情。比如：帮学生统筹安排时间，引导学生立题，组织参观、讲座，使学生有探究的心情，有一双善于发现的眼睛和与人合作的愿望。

2. 指导阶段

教师先指导学生确定选题，让学生了解学习的基本程序，帮助学生制订计划，引导学生学会搜集、查找资料的方法，分析资料得出结论的方法以及简单研究报告的写法。这样既能激活学生原有的经验，又能诱发学生探究的动力，使学生了解探究步骤，为综合性学习实践阶段打下基础。

3. 实践体验阶段

这一阶段让学生具体地开展语文活动或针对已经确定的主题开展研究，决定学习内容，确定研究主题，编写计划或方案，展开研究，撰写研究报告。教师在这个阶段可以起观察、帮助、提醒和督促作用，但绝不能代替参与。

4. 交流分享阶段

这是综合性学习的主要环节。学生之间交流的内容既可以是成功的喜悦，也可以是失败的体验和过程反思，还可以是可见可感的研究成果。学生可先组内交流，然后推举代表在班上交流。在交流研究中，学生学会理解、宽容，学会客观地分析和辩证地思考，学会争辩和质疑。教师要引导学生重参与、重过程、重知识能力的综合运用、重亲身感受和体验。

5. 评价阶段

综合性学习的评价重视学生学习过程的评价，强调评价的激励性。评价可以包括教师评价和学生评价。

教师评价应以鼓励为主，教师要重视学生口语交际活动中学生参与的热情和质量；重视学生写作的讲评；重视整个过程的评价；重视每一个学生；重视帮助有困难的同学。学生评价包括自我评价和相互评价，对学生的评价可以围绕很多问题进行，如：能否主动积极参与；能否注重合作；能否根据现有资料形成自己的观点：能否主动地发现问题和探索问题；能否综合运用知识解决实际问题；学习成果的展示与交流是否充分等。

《语文课程标准》中写道：“现代社会要求公民具备良好的人文素养和科学素养，具备创新精神、合作意识和开放的视野，具备阅读理解与表达交流在内的多方面的基本能力，以及运用现代技术搜集和处理信息的能力，语文教育应该而且能够为造就现代社会所需的一代新人发挥重要作用。”这是语文新课程的理想，语文综合性学习是实现这一理想和目标的最有力的支撑，就让我们共同探讨，不断挑战，朝着理想迈进。

第六章　课堂教学方法的优化

第一节　任务驱动——带着问题走进文本

任务驱动教学，是指学生在一定教学任务的驱动下，利用各种教学资源，通过自主合作探究的学习方式，获得知识能力技能的一种教学方法。这是建立在“建构主义教学理论”上的教学方法，是新课程下的教学理念。这种方法使学生学习目标明确，兴趣浓厚，能高效地引导学生主动学习、探究学习，从而全面提高学生的综合素质。

任务驱动，就是学生带着确定的任务去学习。任务所承载的是无数个具体的“问题”，对于学生来说，是无数个“未知”。带着“问题”走进文本，会使学生单刀直入，会大大提高学习效率。

一、任务驱动教学的原则

1. 目标性

任务驱动教学的前提是确定任务，任务就是方向，是目标。目标是教学的出发点，又是教学的归宿。有了目标，教学才有章可循，有的放矢。

2. 可操作性

任务必须是明确的，明确的任务才可以去做。任务必须是具体的，不具体则会“老虎吃天，无处下口”。任务必须是难易适中的，这样才能因材施教、提高效率。例如：一位教师是这样确定《雨说》的教学目标的：

（1）知识与能力目标

了解诗歌语言的凝练性、思想的丰富性。本诗意境优美，通过充分朗读，使学生能够展开丰富的联想和想象进入诗歌的意境，感受诗中制造的“雨”的形象，并在此基础上尝试诗歌或散文的创作。

（2）过程与方法目标

让学生反复练习朗读，在读中感知诗的内容，在读中领悟诗歌的意境，在读中品味诗的语言。鼓励学生根据诗歌内容表达自己的感悟所得，能提出自己的看法和疑问，并采用合作探究的方式共同探讨疑难问题。通过学生对话、师生对话以及与文本的对话，实现师生互动。引导学生联系自己的生活体验，多角度感受诗意。

（3）情感、态度、价值观目标

通过对诗歌的学习，激发学生对人生的思考。从“雨”的角度看，可感悟其博大、宽广的胸怀，以造福于人类为自己最大的幸福；从“中国大地上的儿童”角度而言，培养学生勇敢乐观的生活态度。

这个教学目标的确定，是明确的、具体的，同时也是难易适中的。因此目标是可操作的。

3. 可控制性

任务驱动教学放开了学生的手脚，激活了学生的思维，但是，班级是由几十人组成的，一堂课四十五分钟（或四十分钟）。如果每个学生在每一分钟都在为完成自己的任务而努力，那么，就不存在课堂教学了，就不存在集体学习了。因此，纪律要控制，过程要控制，要活而有序；任务数量要控制，要做到精学精练，一课一得；时间要控制，要追求高效。一位教师在教授《苏州园林》时，一个学生问："作者到过的苏州园林不过十多处，别的地方的园林到过一些，为什么还说'苏州园林是我国各地园林的标本'？是不是以偏概全了？"于是教师让学生讨论，由于学生掌握的材料不多，谈的仅仅是主观感受，结果耗时一堂课。事实上，这个问题既非重点，亦非难点，纠缠它没有多大价值。

4. 多元性

教学任务的确定应该是多元的，应该既有教师提出的，又有学生提出的；既有优秀生提出的，又有学困生提出的；既有高难题目，又有一般题目；既涉及内容，又兼顾形式；既包含知识能力，又包含情感态度价值观。应该说，任务驱动型教学的课堂，呈现的是多样化。

5. 开放性

任务驱动教学的巨大优势是使学生具有思维活跃性和创新性，其缘由是该型课堂的开放性。语文教学的外延扩大了，等于生活的外延；师生的关系发生变化了，是民主平等的新型关系；学习方式变化了，是自主合作探究。语文课鼓励学生讲真话，倡导"个性化的阅读"。这些都为任务驱动教学的开放性提供了可能。

二、进行任务驱动教学时应该注意的几个问题

1. 全员参与

任务的确定，不能由教师一人完成，应该让学生一起参与。在完成任务过程中，更应该凸显学生的主体地位。这样做，不仅体现着“以生为本”的教学理念，也容易激发学生学习的积极性，活跃学生的思维。问题的连续提出，探讨上的深思熟虑，论辩时的唇枪舌剑，使灵感的火花随处迸射，此必然成燎原之势！

一位教师在上《我的叔叔于勒》一课时，在确定谁是小说的主人公时，学生出现了严重的分歧：一些学生认为是于勒，一些人认为是菲利普夫妇，一些人认为是“我”。教师马上顺水推舟：“是啊，不光是我们，学术界对这篇小说主人公的认定也是五花八门。你的高见是什么？大胆说出来。”于是学生展开热烈的讨论。认为是于勒的依据是：他是小说情节发展的真正动力，兄嫂态度的变化完全取决于他。认为是菲利普夫妇的依据是：他们性格鲜明。认为是“我”的依据是：“我”贯穿小说始终。三方观点大相径庭。经过小组讨论和全班讨论，大家达成共识，确定主人公的依据应该有三点：

①作者用墨最多的。

②性格最鲜明的，并且通过他表现主题。

③给你印象最深的。

一旦确定了这一依据，全班同学几乎异口同声地说主人公是“于勒”。

2. 鼓励学生大胆质疑、积极解疑，倡导发散思维、求异思维，保护其积极性，激发创造性

一位教师在上《愚公移山》这课时，他安排一个环节：让学生评价文章的人物，要求要有自己独到的见解。此言一出，如投石激浪，各学习小组立即沸腾起来。大家把焦点一概对准愚公，具有“高瞻远瞩、坚定不移”性格的愚公，此刻被同学们一致“确诊”为“愚”！原因如下：面对太行、王屋两座高山建房，是一愚；率“孀妻弱子”挖山，使用“童工”，属“违法行为”，是二愚；挖山破坏生态平衡，急功近利，是三愚；靠区区之人力，企图改变大自然，自不量力，是四愚……教师因势利导，问学生：“如果你是愚公，你怎么办？”学生有的说“把家搬走，省时省力”：有的说“将此地开辟为风景区，吸引游客赚钱”；有的说“靠山吃山，把它开发为林场”……学生奇特的想法把这堂课推向了高潮。

3. 不能忽视自主学习

现在的教师大都注意合作探究学习，而往往忽略“自主”学习。实际上，学习不是工人“做工”。做工是人手一活，是整体中极小的一部分。在现代化的流水线上，每人负责一条“线段”。学生学习要学全部、学整体。自主学习是全部，是合作的基础，是探究的前提。合作不能成为“分工”的组合，而是共同攻克难关。

第二节　随机进入——从预设到生成

课堂教学是有目的、有计划的活动，但由于对学生、文本环境等考虑的不足，课堂上常常出现许多意外的教学现象。这种现象是正常的，它一方面是教师备课的盲点；另一方面是学生积极的思维，尤其是求新求异思维的结果。这种思维萌生了灵感的火花。如果教师凭着高超的课堂驾驭技巧，凭着深厚的实践智慧把意外现象当作课程资源及时把握，组织探究，一定会促进学生思维，在解决问题中获得“意外的美丽”。在过去，处理好这一现象被誉为课堂驾驭能力强。今天，学者们经过研究与实践，将之凝练成一种新的教学理念，叫“预设与生成”。

一、预设的内容

预设是“预测”和“设计”，它体现了课堂教学的目的性、计划性，是教学过程的保证。它决定着一堂课的走向，决定着“知识与能力、过程与方法、情感态度与价值观”的培养趋向。所以，教师课前必须精心备课。

课堂教学的预设包括如下内容：

1. 预设目标

语文教学目标是语文教学的出发点和归宿。它是教师所预期的通过各种活动使学习发生明显变化的结果，是教学双方通过一系列的教学活动奋力达到的目标，同时也是检查评定教学活动的参照物。它应该以学生的全面发展为起点和终点，充分体现人文精神和科学精神的融合，突出语文实践性的特点，同时要为学生的自主、合作、探究式的学习铺设基石。

2. 预设教学策略

①应用策略——让学生在语言应用中获得知识和能力。

②开放策略——树立大语文观。

③合作策略——强调学生与教师、学生与学生的积极互动。

④问题策略——让学生发现问题、解决问题。

⑤综合策略——体现在语文知识的综合运用、听说读写能力的全面发展、语文和其他学科、与社会生活的横向联系等几方面。

3. 预设过程

它包括课堂程序和课型选择。程序：先做什么，接着做什么，最后做什么。课型：包括教读品味课、问题讨论课、鉴赏课、语言实践课、口语交际课、活动竞赛课等。

4. 预设新教学资源的出现

因为学生是一群性格鲜活的个体，他们的知识能力、认识水平不同，课堂教学呈现多变性。因此，备课时先要备学生，了解他们的经历、性格爱好、学识水平等。预设可能发生的情况，并做好相应的准备。

（1）预设“个性解读”

新课程强调“读是学生的个性化行为”。“一千个读者就会有一千个哈姆雷特”，对于文章的某一个问题，五十个学生也许会有五十种理解。教师一定要充分估计学生个性化的理解。

（2）预设质疑问难

课程标准鼓励学生在阅读中大胆提出自己的看法。学生正处于思维活跃期，提出的问题也许千奇百怪。教师一定要尽可能考虑学生可能提出的问题，并做好“答案彩排”。

（3）预设可能成为学生争论焦点的问题

根据经验，一些敏感的问题会激活学生的求异思维，由此引发“争论大战”。

（4）预设天气等自然情况

5. 预设多种教学方案

为应对课堂中出现的各式各样的随机事件，教学设计必须是弹性的，应考虑多种思路。这样，教师实际上课时才能左右逢源，得心应手。

此外，陈述性的知识、教学手段等都要在设计中预设出来。

二、生成的条件

生成，即动态生成，是指在弹性预设的前提下，师生根据课堂上出现的各种情况随机、自主构建教学活动的过程，是教学目标的完整实现过程。新课程强调动态生成，它具备的条件是：

1. 教师首先要改变一个观念，这个观念是“偏离教学设计就是失败”

课堂是多变的。因为学生是一群鲜活的生命个体，他们具有自己独特的思想性格、认识能力、情感体验、兴趣爱好，他们具有天才的创造力，他们有自己的知识基础，他们不可能完全按教师的设计走。魏书生说："每一颗心灵都是一个广阔的世界。"要想培养出"富有创造力"的人才，必须"解放"他们的思维，挖掘他们的潜力。教师在安排教学流程、设计问题时，一定要抓住要害问题、焦点问题，调动加刺激，让他们生疑生问，进而产生探究的愿望和行动。这样，就催生了新的课程资源。这个新资源也许偏离了设计，但是它源于学生，是学生真正需求的。所以，探究起来一定会事半功倍。

2. 教师在课堂教学中一定要建立民主平等的师生关系，创造轻松对话的和谐氛围

传统的课堂教学是教师的"一言堂"，教师板着脸孔，是"圣人"，是"权威"；上课是表演"教案剧"，教师是导演，学生是听众。后来，教学上流行"问答式"教学法：教师问，学生答，一时课堂气氛活跃。然而，这种问答说到底，也只是在执行一种固定的"程序"，机械、呆板，没有创造力。学生的才华被抹杀，厌学之风日盛。经过对传统教学及前些年课改的反思，经过对国外先进教育理念和实践的研究，新一轮的课改应运而生。新的教学观念把学生当作课堂真正的主人，提倡"一切为了学生""为了学生的一切"。师生之间的关系是真正的"民主平等"这种平等包括人格上的平等、教学中地位的平等。教师和学生只是"闻道有先后""教师是平等中的首席"，是组织者，更是参与者。

3. 教师一定要珍惜课堂上出现的"非预设"资源，提高应变能力，依靠教学实践智慧，解决突发事件

上段谈及的是教师主动地促成新资源的诞生。课堂教学中还常常出现意想不到的情况，面对课堂上生成的新资源，教师一定要不急不躁，认真倾听，然后巧妙地加以引导解决。这个引导不是“课下解决”，不是蜻蜓点水式的敷衍，而是真正的重视，这是对学生人格的尊重。它需要教师具有高超的课堂驾驭能力，教师要处变不惊，要因时因地点拨，巧妙地利用教育契机，解决随机问题。也就是说，教师在授课中一定要随机应变，提高“临战指挥”能力。

三、预设与生成的关系

预设与生成是课堂教学矛盾的两个方面，二者是有区别的。预设是教师课前对教学目标、教学内容、教学策略、教学过程、教学方法等所做的预测和设计；生成是教学进行中目标的达成、方法的应用。前者是静态，后者是动态；前者是将来时，后者是进行时；前者是计划，后者是结果；前者是教师独立操作，后者是师生共同完成。预设与生成又有联系。预设基于生成，是基础；生成是预设的锦上添花的实现，是提高。

预设与生成是矛盾的统一体，二者相辅相成，相得益彰。没有预设，课堂就成了“自由市场”，师生就成了“没头的苍蝇——乱撞”；没有生成，师生活动就成了上演“木偶戏”，机械、沉闷、程序化，丧失了人性和趣味。有人说，课堂教学要像散文，形散神聚，形是“生成”，神是“预设”。我认为，上课更像旅游。旅游要有详细的规划，游几天，走几个景点，行前一定要列清楚。有了这样一个计划，才能“游路”清晰，看到想要看到的美景。

四、预设与生成理念探查到的问题

1. 设计过死

传统的备课方法是过程清晰，环环相扣。每个环节用多少分、多少秒，在教案的“时间设计”里必须明确标出，否则，领导检查视之不合格。在上课时，教师一边看教案，一边看手表，唯恐每个环节超时。如遇到意外的教学事件，则装作“听而不闻”，或用“课下解决”搪塞掉。现在，我们倡导的是新的教学理念，提倡“随机生成”。因此，备课时不能设计过细，要留出空白，使预设的时间和空间留有余地，具有更大的包容性和自由度，为师生在互动过程中真实精彩的动态生成打下基础。同时，设计的问题一定要激活学生探究的愿望，让学生“不安分”“想辩论”“想超越”。

2. 不知应变

尽管教师在预设中考虑学情、教法及生成的成长点，但是在课堂上，还会出现许多意外的情况。面对突如其来的变故，一些教师担心既定任务无法完成，因此置之不理，我行我素。新的观念认为，教学中要适时调整计划，挖掘生成的资源。教师应该适时推迟或删掉某个环节，集中精力发掘新资源。

五、预设生成理念下的课堂教学对策

1. 改“线性设计”为“板块设计”

传统的备课是环环相扣、步步为营，是线性设计。此种方法下，学生成了听课机器，激情、灵感遭到扼杀。实际上，只要能预设覆盖全文的几个大问题即可，减少没必要的提问，扩大学生领悟交流的空间。如《我的叔叔于勒》可设这样几个“板块”：

第一板块，小说的线索是什么？用简要的语言概括情节。

第二板块，小说的人物给你留下什么印象？举例说明。

第三板块，你最欣赏小说的哪一点？

第四板块，你认为小说揭示了什么样的社会问题？

2. 调整预设，修改教学环节

面对课堂教学生成的新资源，绝不能轻易放弃，要珍视它、开发它。这样，就增加了新环节。原来预设的某个环节要推迟，意义小的要砍掉。比如：有位教师本打算在课上辅导写人的记叙文，但上课走进课堂一看，学生正津津有味地看外面的景观。于是，该教师放弃原来的计划，改为细心观察窗外景色，然后即兴作文，题目是《燕儿在雨中》。经过短暂的构思，教师让学生发言。

因为是现场观察体验，学生兴味盎然，作文生动、形象，取得了意想不到的效果。

3. 及时反思，总结经验

教师常常有这样的体会：课堂教学生成的成果往往“含金量”极高，学生的思维是那样别致新颖，自己的随机处理是那样恰到好处。回味起来，是那样激动，那样玩味不已。这种生成，是师生灵感的迸发，而这灵感的迸发不是凭空而来，而是有它深广的缘由。就是说，这里有实践智慧，比如激情的点燃、问题的唤起、讨论的组织、思路的开拓、顿悟的点拨、思维的提升，等等，都有值得大写特写的地方。一定要及时反思、全面总结，从而形成经验，用以指导以后的教学。长期坚持下去，语文课就会越上越棒，教师会成为行家里手。

下　篇

语文课堂教学内容的优化策略

第七章　识字教学的优化

字词教学是基础教育语文教学中最重要的一项内容，但字词教学的低效率一直困扰着语文教学实践活动。我国广大教育工作者为解决这个问题进行了不懈的探索，以期建构符合青少年思维发展水平的、科学的识字解词的教学方法，从而提高识字解词教学的效率。在教学实践中，集中识字解词和分散识字解词的成功经验推动了识字解词教学研究的发展，而当前形式多样的字词教学的良好成效也已得到教育实践工作者的认同。不难看出，在实践中都取得实效的集中识字解词和分散识字解词教学方法在形式上正好是对立的，因此，用基础科学的理论成果来阐释这两种方法的合理性与局限性，并使之统一在一个科学的理论机制之下，是构建科学的语文识字解词教学方法的研究思路。随着认知心理学特别是阅读心理学研究的新进展，心理学界也取得了不少中文字词认知的实验室成果。因而，用认知心理学和阅读心理学的研究成果来整合识字解词教学实践的经验，探索字词识别、词语解释的规律，找出一条形式和内容一致的、科学的识字解词教学方法已成为可能。这本是好事，但是令人担忧的是：现在的学生中普遍存在写字不认真，没有积极主动识记，积累字、词的好习惯的问题，造成识字教学成为短板。

1. 按新增字词的出现时段、高频字词出现的频率编写字词表，并按字词表开展规范的认知、解释、运用活动

[案例]

编写字词表，规范认知、运用活动

字、词类型	字、词	①解释	②解释
同音字、词	①黜②绌	罢免、革除	不够、不足
形似字、词	①载②栽	记载；装载	栽种；摔倒
同义字、词	①靡②糜	浪费	浪费
同音异义字、词	①浑②珲	浑浊；糊涂，不明事理	珲春，地名
反义字、词	①明②暗	光线充足	光线不足
习惯搭配字、词	①至②致	无微不至（周到的意思）	致癌（导致的意思）
异体同义字、词	①花②华	种子植物的有性繁殖器官	“春华秋实”中与“花”相同
多音多义字、词	①恶②恶	读 e 是凶狠的意思	读wu是憎恨的意思
古今异义字、词	①走②跑	文言文中是跑的意思	迅速前进的意思
异形同义字、词	①花②化	“花钱”同“化钱”	“化钱”同“花钱”

2. 在教学中加强习作评改中的字词纠错

每次在作文讲评时，教师都利用电脑一字不改地把学生的一篇习作打印出来，要同学们把该作文中的错别字、不对的语序等问题批改出来。

3. 在阅读教学中，多做口头复述，拓展学生的思维，增加词汇量

学生识字量不多，知识少，词汇贫乏，这给读写带来一定的困难。而培养学生的说话能力，可以让学生在“写”之前先学会“说”，把要“写”的内容先说明白，说完整，“写”起来也就轻松多了。根据字不离词、词不离篇的教学原则，教师对学生进行字、词、句的综合训练，培养初一年级学生的说话

能力。在识字教学中，教师先引导学生读准字音，认清字形，理解字义，再进行说话、训练。例如有一节关于口语教学的课，教师就假设这样一个情景：路边有一棵落光了树叶的树，你看了后用怎样的语句描绘这一幕才比较有文采呢？想了一会儿，有的学生说；“路边有一棵秃树。”有的说：“路边有一棵枯树。”有的说：“路边有一棵年老的树。”有的说：“路边有一棵失去了青春的树。”不难看出，最后一句的描绘是比较好的。教师又拿“咏絮之才”“咏花之才”“咏雪之才”等故事引导和启发学生，这样就可以收到既积累字、词，又学会写作的良好效果。当然有时也可以用一些比较简单的例子进行强化训练。例如，教学“直”字时，在学生较好掌握了生字的音、形、义的基础上，引导学生思考，用“直”字说一句话。不少同学可以做到，如：“这条马路很直。”“这条线很直。”“公园里有棵又高又直的树。”这样，学生把生字读准记牢了，也学会了使用。再由于初一年级学生理解能力不强，经常不知如何把话说完整。教师就培养学生按固定的模式，学说一句具备“四素”（时间、事情、人物、地点）的完整的话。例如教学“看”字，教师问：“谁能用‘看’字说一句话？”学生答：“我在家里看电视。”教师进而问：“这件事发生在什么时候，能不能连起来说完整。”学生接着答：“晚上，我在家里看电视。”然后，师生一起来分析句子中的“四素”。时间：晚上；人物：我；地点：家里；事情：看电视。有了固定的模式，学生就会把自己所想的内容准确地表达出来，提高了说话的规范性、条理性。这样的教学，既能教给学生知识，又能拓展学生的思维；既体现了新课标注重生活实际体验，又进行思维发散训练，提高迁移、概括的能力。

4. 在教授新内容时，不可忽视学过的字词的复现

在教授古诗词时，先把学生以前学过的一些诗句做成一张小卡片，让学生事先注意诗词中的一些容易理解错的字词。

5. 重视字、词教学的多种形式

①力戒死记硬背的学习方法。字、词的积累是长期的任务，绝不是一朝一夕的突击就能完成的，要理解和掌握，还必须经过反复训练，但有些学生为了应付考试，追求高分，学习字词的方法主要靠死记硬背，抄注释，背注释。有的学生还颇为自信地宣称：学习语文，主要靠背功。基于这种认识，别说在课外，就是在课内，也不注重字、词的学习、理解和积累。有的学生往往只是到了考试前，才把字、词集中抄在本子上，一字一词地背诵。这样孤立地背、机械地记的字、词不容易在头脑中扎根，记得快，忘得也快，作文时自然就词语贫乏了。丰富字词的关键在于日积月累。在平时，要经常温习课本中的字、词，同时，也要时时留心报纸、杂志等课外读物上出现的新的字、词，还要随时记录和吸收人们日常生活中使用的新鲜字、词。只有这样，写作文时才能得心应手，运用自如。

②力求将学到的字、词与亲身体验相结合。丰富多彩的字、词正是丰富多彩的现实生活的概括和反映。我们学习字、词，只有把它们和自己的亲身体验相结合、相融合，才能变成自己的语言。结合的方法有两种：一种是游历新境或初次接触一个新事物（包括人）时，尽可能想出一些字词来概括其特征；另一种是学到新的字、词时，尽可能联想到一些与该字、词相吻合的事物。也就是说，前一种是以事找字、词，后一种是以字、

词找事。如果我们对生活的观察、体验，在脑子里仅是一些表象，不能引起对所学字、词的反应，那么，所学到的字、词就只是一些缺乏联系的符号，亦即一堆死的知识。反过来，如果我们对新学到的字、词不是想方设法寻找相应的事、物，那这些字、词就很快会被遗忘。当然，有些字、词，一时很难找到相应的直接经验，对这些，可以借助他人的（包括文学人物）的经历，也可以用多角度造句的方法来强化记忆。

③创立有序的字、词储存系统。根据心理学的研究，一个人只有在大脑中建立起字、词的储存系统，才能有效地输入字、词，迅速准确地输出字、词。这种字、词的储存系统，不是按学习的先后顺序排列的，也不是按一般字、词典的顺序排列的，而是以字、词的类似性和相关性排列的。如；桂、贵；该、垓、赅；梁、粱；凉快、凉爽、清凉、阴凉、凉丝丝、凉飕飕等。在使用字、词时，一个字、词的出现，往往可以引起一串字、词的活跃。当然，这种以类群为特征的储存系统不是自然形成的，而必须经过大脑对词进行加工（分析、综合）才能形成。现行的中学语文教材，以课文为中心，字、词的出现受到课文的制约，输送到学习者头脑中的字、词，基本上是杂乱无章的，再加上有些学生学习方法不科学，重记忆，轻积累，因而头脑中字、词的储存也就杂乱无章了。这种无序的储存，既不利于熟记，也不利于表达时的组织与输出。因此，在学习字、词过程中，应该让字、词进入思维的领域，对字、词进行分析、综合、比较、联想，用思维的链条把它们排列组合成类群，形成有机的认识结构系统。具体方法是：当新学到一个字、词后，把这个字、词的同义词、反义词以及相关的字、词（范围更大或更小的，程度更深或更浅的，时间更长或更短的等）都列出来，然后进行分析、比较。例如：学到了新字“缅”，可以写

出“湎”“腼”“冕”“勉”等字进行比较记忆；在学到词“淳厚”后，可列出“忠厚”“宽厚”“憨厚”“仁厚”等同义词和“刻薄”“尖酸”等反义词进行比较分析。这样，实际上就是把一个新字、词编入一个组织体系，使它不再是孤零零的散兵游卒，有效地抵制遗忘，收到事半功倍的效果。

6. 利用集中识字教学法，扩大、拓宽学生识记字词的容量及识记能力

集中识字法可以说是归类识字词，基本的方法有形声字归类、基本字带字和形近字归类三种。形声字归类教学法充分利用了形声构字规律，将形声字归类，让学生认识形声构字规律，并利用规律记字。如教学生学习“青——清、晴、情、精、静”一组字，使他们知道这一组字的共同点是都有表音的声旁“青”，加上不同的表义的形旁就构成了这几个字。基本字带字就是通过给基本字加偏旁部首的办法引导学生利用基本字学字、记字。如“主”是“住”“柱”“往”一组字的基本字，其关键在于利用一组字的相同部分组成字串，突出其不同的偏旁部首，通过分析比较，强化记忆字的不同部分，以识记生字。形近字（桥——娇）归类法是抓住一组字字形的相同部分，突出其不同点来记住生字。由此看来，集中识字教学法是基于汉字字形的构成特征，把形旁或声旁等一致的汉字进行归类，指导学生在识字时分析、比较一组字的异同点，概括出一组字的字形规律进行识记，注重的是汉字的生成性特征。

7. 利用分散识字词教学法加强学生的记忆，提高理解字词的能力，巩固字词教学成果

分散识字词教学法的创始者是我国著名基础教育家斯霞，她在20世纪60年代南京师大附小的分散识字教学实践极大地丰富了我国语文识字教学方法的研究。分散识字教学法注重生字字义的情景创设，提倡在词中、句子中、课文情景中进行生字教学，使字不离词，词不离句，句不离篇章，使生字字义在生动形象的语言环境中凸现出来。分散识字教学的这种做法符合初一学生从形象思维向抽象思维发展的规律，注重学生思维的形象性特征，便于学生在新旧知识、经验意义之间建立联系。《心理学的实验室研究》发现（Collins & quillian，1969；Just & carpent，1978；Norris，1986；等），字词的内容特征的心理贮存是有规律的，或按概念的种属关系进行有层次、有等级的语义网络结构贮存，或按某种内容维度并行等贮存。张钦和张必隐（1997）还在《中文认知研究》中发现，中文字词认知存在具体性效应。具体性效应指的是具体词比抽象词识别得快。语言认知心理研究的这些发现说明，字词语义的心理贮存是按从具体到抽象的社会生活经验的意义维度进行的，因此，分散识字教学注重按字义的字理联系指导学生进行识字活动，充分尊重儿童的思维发展水平特点，符合人类语言认知的一般规律。实际教学中，教师在教完每一篇课文后，都要学生按照课后生字词的要求一个字、一个词地进行摘抄与解释，加深他们的印象。特别是要他们分清字词在语段、语境中的含义，因为大多数汉字、词不止一个意思，所以要特别注重它的语言环境，这样才能更好地区别汉字词的语义与用法，从而提高理解字词的能力，达到分散识字词的效果。

第八章 阅读教学的优化

第一节 如何帮助学生提高阅读速度

语文阅读教学的终极目的是使学生具备敏捷深刻地理解文章，娴熟准确地驾驭文章的能力。市场经济激烈的人才竞争，核心是知识竞争，而人的知识取决于学习能力，如何在单位时间内让学生更广泛地获取知识，培养学生快速阅读的能力至关重要。

《语文课程标准》对初中生快速阅读的要求是：“养成默读的习惯，有一定速度，阅读一般的现代文每分钟不少于500字。”“能较熟练地运用略读和浏览的方法，扩大阅读范围，拓展自已的视野。”“广泛阅读各种类型的读物，课外阅读总量不少于260万字。”

但我们当前的阅读教学几乎忽视了学生速读能力的培养，学生的阅读速度慢，阅读量不大。北京市华育素质教育研究中心的一项抽样调查结果表明，中学生中只有5%的学生能够达到阅读速度每分钟500字、理解率70%的阅读要求。

造成学生阅读速度慢的原因，主要是我们在教学中引导训练不够，未能教给学生提高阅读速度的方法；学生阅读积累沉淀不足，未能形成一定的知识储备和一定语感；还有就是信息发达的现代社会，超文本的阅读量大，学生文本阅读的机会和兴趣减少。

叶圣陶老先生强调：“就教学而言，精读是主体，略读只是补充，但是就效果而言，精读是准备，略读才是应用。”要切实达到课标中对阅读的要求，使学生畅游书海，在阅读教学中教给学生速读方法就非常重要了。尤其是当今社会，既有大量的文本阅读，又有网络资源、电子读物等超文本阅读，面对这些不计其数的信息资料，要提高学习效率，仅有精读技能是远远不够的，更需要略读和速读的本领。

快速阅读法是指人们从文献资料中迅速获得有用信息的阅读方法。阅读速度的快慢直接关系着阅读量的大小，关系着阅读质量的好坏。速读，不仅能迅速获取信息，更重要的是能够开发学生的智力，因为在速读中必然伴随着快速的理解、想象、记忆等思维活动，这既有利于识字率的巩固、理解力的提高，也可以通过在短时间内处理大量信息而训练学生的科学的思维方法和思考问题、解决问题，快速发现有用信息的能力，进而促进学生智力的发展。

实践证明，依据学生的心理和生理特点，利用汉字、汉语的特点和规律，进行科学的训练，提高阅读速度是完全可行的。古人能“一目十行”“过目成诵”，现代人大幅度提高阅读速度是完全可能的。

教师在培养学生速读能力时要注意强调以下几个方面：要默读，要眼脑同步，要善于抓取最重要的信息，要重视积累，增强语感，要注意循序渐进。

快速阅读能力的形成是一个长期的过程，必须要有科学方法的指导。教师的责任就是用科学的训练方法提高学生的阅读能力。我们综合多年的教学实践和一些书籍资料，认为可以从以下方面来指导训练学生速读。

1. 提要钩玄训练法

（1）浏览筛选阅读法

这种读法主要用来对付长而艰深的文章。为了让学生迅速了解文章大意，应对学生进行浏览筛选信息的阅读训练。浏览筛选的要点是抓取关键信息，不论什么文章，先看一下它的开头段落，再看每段的第一句话或中心句，最后看一下末尾段。这种忽视细节、抓取主要信息的方法，能较大地节约时间。

（2）关键词提取阅读法

应用于短小简单的文章。文章短小，内涵往往深邃，这就要精细领会，但亦可速读。具体方法是：想象你的两只眼是两块磁铁，强迫它很快地在每一行字上扫过，每行只注意几个关键的词。这种方法用于复习以前读过的文章特别有效，它可以激起你对原有经验的联想，快速把握文章。

如下面的句子，视线集中，注意画横线的词即可。

为着追求光和热，将身子扑向灯火，终于死在灯下，或者浸在油中，飞蛾值得赞美。在最后的一瞬间它得到光，也得到热了。（《日》）

（3）字群意群组读法

可用来满足又要高速又要高效的阅读要求。这一方法的要点是既关注段落，又注意文句。在练习时，使自己的眼睛能够在一瞥中看三个或三个以上的一群字，而不是逐字阅读。这种阅读使眼睛投射到书页上的范围从一个字扩大到一行字，乃至数行字，从而使“一目十行”成为可能。

阅读时尽量增大识别间距，把句中相关的词连成一个较大的单位，一组一组地读，边读边理解。如：他生就一副多毛的脸庞植被多于空地浓密的胡髭使人难以看清他的内心世界。（《列夫·托尔斯泰》）

把这句话分成6个意群来阅读，可减少眼球的停顿次数，提高阅读速度。

训练时注意引导学生尽量扩大视觉感知范围，调整视角，迅速移动视点，达到“一目十字”“一目一行”的功效，并在阅读领悟的过程中积极思维，尽快抓住文章的主旨，迅速地摄取信息，快速地加以处理。长期坚持，一定有很大收获。

2. 计时阅读训练法

计时阅读训练是让阅读成为一种快速、高效地摄取、筛选与储存知识信息的过程。训练时先准备好训练用的阅读材料，教师提出具体阅读要求后，宣布阅读开始，教师当即在黑板上记下开始阅读的时间，每15秒钟记一次。学生读完即举手示意，并从黑板上显示的时间记录记下自己阅读所用的时间。读完文章后，视线离开阅读材料，凭第一遍阅读的理解与记忆，回想文章内容，回答老师提出的问题。教师凭借学生回答问题的情况和所用时间，估算学生的理解率和阅读速度。

在计时阅读训练时，应注意速度和阅读效果之间的关系。有效的阅读应该是速度快、理解准确、记忆率高的阅读。美国阅读专家施道佛博士在他主编的《快速阅读》教程中指出：确定阅读效果的公式为E=R×C（E：效率，R：速度，C：理解率）。如果理解率低于70%，则表示读的速度过快；如果理解率高于等于90%，则表示速度太慢，介于两者之间为最佳。因此我们在训练时，要根据学生阅读的速度和效率及时调整阅读进程和方法，达到训练的实效。

3. 问题提示寻读法

让学生带着问题快速寻读。教师先提出阅读要求，规定阅读时间，出示具体的思考问题，让学生根据阅读材料的特点选取不同的快速阅读方法，或浏览或提取关键词或用意群注视法进行速读。读后自查答案是否正确，再快速翻书自评。

人的大脑在接收信息时具有明显的选择性，在处理信息时能够遵守严格的程序。所以，在阅读训练中如能使学生逐渐形成一个固定的思维程序，形成一定的“阅读定势”，对提高阅读速度将有很大的帮助。据此，教师可给学生提供阅读的固定程序，如每读一篇课文，依次解决如下四个问题：①题目。②文章的大意。③文章最能打动、吸引自己的部分。④自己从文中得到了哪些感受和启发。让这四个问题在学生阅读时形成线索，有明确的思维指向，一看文章就自然循着这些问题去理解，久而久之形成阅读的固定思维程序，阅读速度自然就会快起来。

第二节　如何引导学生走进文本

对于语文课堂来讲，要以文本为本，以学会阅读、揣摩、运用语言文字为本。舍此，工具性也好，人文性也好，均难以体现，听说读写能力的培养难免落空，创新也恐怕只能是纸上谈兵。我国从事文艺理论研究和教学业的著名专家何永康教授在接受《语文教学与研究》杂志社的专访时指出：从教学来看，语文课本上选的散文大都是名家名篇，是人类智慧的结晶，需要用心灵去感受，用灵魂去拥抱，读散文应该是一种美的享受。但是，我们的中学语文教学在文史知识的传授上却只是为了考试，而把这些很能塑造人的灵魂的精品肢解，大多只是讲解一下背景，分析一下字词句和段落大意就完了。相应地，对于学生来说，由于忙于应付考试，这些优美的文学作品在他们眼里只是一个一个的符号，丝毫没有美感可言。

当前，语文课堂教学改革异彩纷呈，其改革的积极性和所取得的突破显然是值得肯定的，但在课堂教学中忽略文本的倾向必须高度重视并予以纠正。老师如何引导学生走进文本，真正实现与作者“对话”，是一个值得语文教育工作者探讨的问题。

“文由情发”，一部优秀的文学作品，往往是作者的真情流露。所以在教学中，除了让学生领略文学作品优美的文笔、精巧的构思外，深入体会作者想传达的感情经验、人生体悟应是语文教学的应有之意，是语文学科人文性的具体体现之一。

1. 在文本中感悟艺术意味

人们在阅读名篇佳作时，常常会受思维定式的诱导和艺术内在规律召唤之间的矛盾的困扰。在似乎细心咀嚼之中，实质上却常常被评论家或者是作家赋予作品的某些外在因素所影响，而疏忽了作品本身所蕴藏着的艺术意味。这种矛盾也是艺术接受中的一种极其常见的心理现象。人们在阅读朱自清的《背影》一文时，常常把审美的双眸固守在父亲的“背影”这个意象之中，体会着“背影”无穷的内涵：情感的、社会的、伦理的、血缘的和美学的等等，沉浸在种种“剪不断，理还乱”的阅读心理体验之中。然而当我们真正地从艺术创作的审美体验过程出发，尤其是在思考诸如“背影”意象的生成，《背影》一文的情感线索，以及作家那匠心独运的艺术构思时，就会发现《背影》中除了“背影”这个意象外，还深藏着另一个不容忽视的世界，即曾经出现过多次的“泪水”的意象。阅读《背影》，在咀嚼“背影”意象的同时，不能忽视与之相伴而生的“泪水”。

2. 在文本中培养学生鉴赏文学作品的能力

文学领域，人们往往称之为“殿堂”，可见其美好、高雅、神圣。文学作品的教学，是中学语文阅读教学中最丰富、最美好、最能触及人的灵魂的内容。使学生在感受形象，体验情感，品味语言，领悟文学作品的丰富内涵，体会其艺术魅力的过程中学习鉴赏文学作品，发展学生独立阅读的能力，指导学生学会个性化的阅读，发展学生的想象能力、发现能力和评价能力。

3. 语文课堂教学加强文本意识要注意避免的几方面问题

①片面理解语文课的信息功能，语文课上成了相关领域的学术专业课、知识课、信息课。

②片面强调创新、发散思维，缺少对文本的渗透、领悟，创新和发散成了无源之水，无本之木。课堂教学无中心，无目标，讨论离题万里，天马行空，浮在面上，效率低下。

③片面强调人文性，忽略了对语言表达形式的认识和理解，忘记了语文学习的基本目的是培养理解和运用语言文字的能力，未能注意作品透过文字媒介表达思想、情感的特点，语文课脱离文本，大讲人文精神。

④片面强调多媒体技术的运用，忽视对文本的揣摩、体味，并由此激发联想、想象而使思维活跃。

第三节　初中语文教学

怎样培养学生的形象思维能力

《语文课程标准》要求："指导学生正确地理解和运用语言，丰富语言的积累，培养语感，发展思维。"总目标提出："在发展学生语言能力的同时，发展思维能力，激发想象力和创造潜能。"但是，教师在教学中往往忽视对学生思维能力的培养，主要表现在课堂上提出的问题简单化，如："对不对？""是不是？""是什么？"之类；也有一些述理性问题，如："为什么？""什么道理？"但很少提出发散性问题，如："你想到了哪些可能？""还有什么其他想法吗？"等等。存在这种问题的主要原因是，不少教师习惯了以统一结论灌输的方法，其结果是抑制了学生比较、联想和想象的能力，进而抑制了学生的创造性思维，最终结果是导致学生的创造潜能得不到应有的发展。学生自然也就不喜欢语文课。

优化的策略

1. 在阅读教学中运用多种形象、直观的教学手段，创设丰富多彩的教学情境，以有效地促进学生思维能力的发展

没有以多样性、丰富性为前提的教学过程，学生的创新精神和创新思维就不可能培养起来。大脑生理学告诉我们，人的左右半脑是严格分工的。左半脑是抽象思维中枢，右半脑是形象思维中枢。左半脑思维材料侧重语言、逻辑推理、数字、符号等；右半脑思维材料侧重事物形象、音乐形象、空间位置等。语文教学听说读写等活动主要是以语言、逻辑为媒介，即以抽象思维为主，形象思维运用得很少且无系统。这对于全面提高学生的思维能力是极为不利的。大脑生理学又告诉我们：如果对半脑中的某一“未开垦处”给予刺激，激发它与另一半脑积极配合，大脑的总能力和效率会成倍提高。在阅读教学中运用多种形象、直观的教学手段，创设丰富多彩的教学情境，就有利于抽象思维与形象思维的协同运作，从而有效地促进学生的思维能力的发展。

我们可以采用以下的一些做法：①运用挂图和插图。如讲《中国石拱桥》，学生没见过赵州桥，不知大拱两肩上各有两个小拱的空间位置究竟是怎样的。这时可出示挂图或教学生画示意图，使语言文字变为具体可感的形象，引发学生的想象力。②画图。如教学《登泰山记》，可引导学生画出作者登泰山的路线；学《死海不死》，可标出死海的地理位置，这样可将学生引入课文情境中。③配音朗诵。如朗诵《听潮》，配上大海落潮和涨潮时的不同音响，将有助于学生通过音乐形象来理解大海的温柔美和雄壮美，得到美的享受。④表演。如在讲《核舟记》时，让三个男生上台表演文中苏轼、黄庭坚、佛印坐在船头的位置及动作，这样既加深了学生对课文的理解，又激发了他们学语文的兴趣。

2. 阅读教学中注重发散性问题的设计，引导学生从多角度思考，以促进学生的创造性思维

发散思维从本质上讲是创造性思维，它具有多元性、变通性、独特性等特点。在数理学科中，这种思维的训练是可以经常地、自然地进行的，像一道几何题就可以有好多种不同的证法，培养学生用多种方法证题就发展了学生的发散思维。在语文学科中，也能培养发散思维。为了培养学生的发散思维，应该少提判断、叙述性问题，即不要叫学生简单地回答“对”“不对”或“是什么”“不是什么”。因为这类问题学生凭记忆就可做出正确回答，甚至即便不懂，也可能猜中。而应多提一些发散性问题，即需要从几个侧面解释或有多种解释的问题，其典型形式是：“对这个问题你考虑到哪些可能性？”显然对发散性问题的回答有一定难度，因而教师要合理掌握它的分配密度，并且在最初阶段要注意引导。

3. 读写结合，让学生的语言表达能力与想象能力都得到锻炼

故事性强的作品，给人以充分的想象空间，让学生练习续写课文，是培养学生表达能力、想象能力的好办法。如学《卖炭翁》后可写《卖炭翁被抢之后》，学《孔乙己》后可写《孔乙己临终的独白》。当然，写这一类文章，必须帮助学生吃透课文，同时，在训练的最初阶段还需要教师适当点拨。实践证明，学生的潜能是巨大的，想象力是丰富的，学生们在作文中变换人称，虚拟人物，有的虚拟说书人作为故事叙述人，有的以原文中的两个人物交替作为叙述人，笔法灵活，跌宕有致，内容充实，人物的个性也在细节描绘中突显出来，所以，我们认为结合课文的命题作文是锻炼学生创造想象的良好途径。从心理学的角度讲，创造想象的产生有赖于原型启发、积极思维、灵感诸条件，而产生作文命题的原课文就成了学生把旧表象转化为新形象的有启发作用的原型。要发展学生的创造想象，就要鼓励学生“求异”“创新”“出格”。写《老师·班干部·同学》的命题作文，有的同学采用了日记体，还有一位女生以老师、同学、班干部三个人物的内心独白推动情节发展，颇似戏剧与心理小说的结合，它叙述了老师因偏袒班干部而引起的矛盾纠纷，表达了希望老师对学生一视同仁的愿望。对这样的习作，老师给予了充分肯定。在老师的鼓励和同学的启发下，学生的想象力和创新思维得到了较大发展。作文中出现了许多中学生习作中少见的结构法。创造想象的训练不仅发展了学生的创造性思维，也消解了学生作文中长期存在的“无米之炊”的苦恼。

爱因斯坦说：“想象力比知识更重要，因为知识是有限的，而想象力概括着世界上的一切，推动着进步，并且是知识的源泉。严格地说，想象力是科学研究中的实在因素。”在语文教学中应高度重视《语文课程标准》所要求的“在发展学生语言能力的同时，发展思维能力，激发想象力和创造潜能”。

第四节 如何通过加强诵读培养学生独立阅读的能力，注重情感体验

在阅读教学中常见到这样的现象：课堂上统一要求，“齐读课文”一遍，然后大部分时间用于教师分析讲解课文内容，或是草草讨论之后由老师强加给学生一个结论，少有时间真正指导学生诵读课文，潜心体会。究其原因，与对诵读重要性认识不够有很大关系。老师们常担心的是：课堂时间有限，让学生读多了，讲不完课文！实践已经证明：这样的阅读教学学生很厌烦，这就很难说能培养学生独立阅读的能力，也很难使学生受到文章的感染，与作者的情感产生共鸣。久而久之，学生甚至厌恶语文课。

1. 充分认识阅读教学中诵读的意义

《语文课程标准》明确提出：学生应“具有独立阅读的能力，注重情感体验”“学会运用多种阅读方法，能初步理解鉴赏文学作品，受到高尚情操与趣味的熏陶，发展个性”。课程标准还强调：“阅读是学生的个性化行为，不应以教师的分析来代替学生的阅读实践。应让学生在主动、积极的思维和情感活动中，加深理解和体验，有所感悟和思考，受到情感熏陶，获得思想启迪，享受审美乐趣。要珍视学生独特的感受、体验

和理解。”诵读是感悟语言的最有效的方法，只有引导学生通过诵读，对文章的内容有所感悟，才有可能记住其相应的语言形式，进而达到“其言皆若出于吾之口，其意皆若出于吾之心”。

朱自清先生说过：“对于写在纸上死的语言可以从声音里得其意味，变成活的语气。”可见，朗读能够把作者的言语生动地“复现”为听得到的动人话语，它具有移情的作用，能激发美感。这样，朗读者进行朗读，听者听别人朗读，都是一种高尚的精神享受。在朗读的境界中，通过自如的声音，生动的语气，抑扬顿挫、轻重徐疾、长短升降的音调节律，把作者的感情的运动直接诉诸学生的听觉，加之伴随着语义的理解，故能摇荡人心，激发感情，直至学生鉴赏活动的全面展开。因此，在教学过程中，特别是对文学作品的讲授中，应将朗读贯穿始终，以读助教。

2. 给学生足够的时间诵读，对学生的诵读给予得法的指导

教学中教师充分信任学生，把读的权利还给学生，相信学生能读懂课文。鼓励学生不断探索，在自悟自得中感受朗读的乐趣，培养学习语文的乐趣。对于同一个内容，让学生站在自己不同的角度上去感受。教师努力创设一个民主、平等、宽松、和谐的教学氛围。朗读指导中教师没有拿自己的标准去要求学生，也没有使学生受到书本的限制，而是尊重学生的独特感受，让学生根据自己的理解，读出不同的感情色彩。如《穷人》一课，描写桑娜捡了孩子以后的心理活动。教师在教学中充分让学生自说，自读，自评，通过自己的情感体验，说出感受，读

出感受：有的说怕丈夫回来，要读得非常紧张；有的说怕丈夫责怪，要读得害怕、担心；也有的说因为桑娜担心要读得慢；还有的说因为桑娜紧张、着急，要读得快……教学中不仅让学生“解读”，更引导学生“创读”，甚至允许“误读”。而从另一个角度，学生们从读中也体会到了桑娜的善良，达到情感的陶冶。教师在教学中鼓励学生大胆地发表自己的见解，长期在这样的环境中学习，学生的个性自然会得到发展。

第五节　诗歌阅读中如何通过“研究性学习”培养学生的自主学习能力

“让学生真正成为学习的主人”是广大教师、学生及家长的美好初衷，是素质教育的呼唤，也是新课程改革所企盼的。教学实践中要想真正实现这一目标，迫切需要培养学生自主学习的意识。“研究性学习”这种方法有利于提高学生自主学习的能力。所谓语文研究性学习，是指在语文教学中，学生主动探究问题的学习。学生在教师的指导下，以类似科学研究的方式去研读课文等语文现象，掌握规律，获取知识，并在实践中调查了解社会，深入研究，应用有关知识去寻求相关原因，去解决实际问题。研究探究的氛围有利于促进学生学会怀疑、批判、探究，学会思考。思维的品质一旦形成，就为学生学会思考奠定了基础。但是学生的学习一般要依靠文本，由于迷信书本、崇拜名人的心理，逐渐养成盲从于文本的不良习惯，不敢怀疑，更不会质疑。这样，甚至于对老师的讲授，也没有了质疑和批判。久而久之，连一般的问题也不会思索了，更谈不上发言讨论了。究其原因，是教师没能很好地引导学生走出权威、名人的束缚，没能让学生在课堂上畅所欲言、大胆讨论、质疑问题、探讨古今、交流思想。因此，要注重培养学生自主学习的能力，这是探究问题的起点，只有深入到探究活动中，学会在未知的领域里判断、推理、归纳或分析、综合，凭借着自己主观的思考与探究，探究事物的原因，研究其中的规律，不仅做到“知其然”，而且做到“知其所以然”。这样，学生在怀疑中逐渐学会独立思考，学会自主探究。换句话说，学生在亲口咀嚼中体会了“梨子的味道”。

那么，在诗歌教学中如何通过“研究性学习”培养学生自主学习、探讨问题的能力？可从以下四个方面入手。

1. 课前激情，诱发探究动机

爱因斯坦说过：“兴趣和爱好是获取知识的动力。”学生的课前预习，已引起教师们的普遍重视，而在课前激发学生学习课文的情感，却容易被教师忽视。激情是寻求新知的最重要的推动力，是构成学习动机最现实、最活跃的成分。为了能有效地诱发学生强烈的学习愿望，发掘学生蕴藏着的学习潜力，从而使学生积极主动地学习，应重视课前的诱发学习动机的工作。教学中，可通过导语、音乐、图像等多种方式，提起学生的学习兴趣，诱发学习动机。

[案例]

精心导入，诱发学习兴趣：《在山的那边》《天净沙·秋思》

湖北宜昌的易洪老师在教《在山的那边》时，是这样导入课文的：童年是五彩的，童年是灿烂的，童年是多梦的，我们的童年充满了各种各样的梦想，你的梦想是什么？是做一个探索自然奥秘的科学家？还是做一个周游世界的旅行家？一个运筹帷幄的军事家？驰骋赛场的运动员？挥毫泼墨的书法家？引吭高歌的歌唱家？慷慨激昂的演说家？感情奔放的文学家……下面请同学们谈谈你的梦想是什么？（学生各抒己见）同学们都各自谈了自己美好而蒙眬的梦，今天我们所要学的这篇课文《在山的那边》就是叙述了一个大山深处的孩子的梦想，叙述了他对大海的向往，并且一直不停地追寻着它。他真的是在寻找大海吗？下面我们就一起来学习《在山的那边》，看看这个孩子到底在寻找什么？

湖南的彭安平老师在教《天净沙·秋思》时，就是以音乐导入的，播放乐曲《橄榄树》“不要问我从哪里来，我的故乡在远方，为什么流浪，流浪远方？流浪……”在音乐的节奏中，教师絮语般地导入：七百多年来，人们说起“乡愁”，就会想到《天净沙·秋思》这篇作品。因为它极其出色地运用了景物烘托的写法，将抒情主人公置于特定氛围中，使他的主观意识和客观环境达到了高度的统一。这是一篇抒情作品，仅用28个字，就生动地表现出一个长期漂泊他乡的游子的悲哀。

2. 创设情境，领略诗歌意境

意境，就是“意”和“境”的统一，也就是诗人强烈的思想感情和生动的客观事物相契合，在诗歌作品中创造出那种既不同于生活真实，又可感可信，并且情景交融、形神兼备的艺术境界。因此，诗与文的最大不同在于诗歌所蕴含的文字之外的意义，在于符号之下附载的意象、暗喻的哲理、流畅的音韵、跃动的情趣。在诵读的基础上，对诗的潜藏的独特内容进行发掘，真正领略诗所传达出的意境，才可算读懂了作品。因此，在教学中设置适当的情景，可让学生更好地体会诗歌意境。

[案例]

创设情境——领略诗歌意境：《山行》

在教《山行》这首诗时，可在学生朗读、吟诵的基础上，指导学生运用联想和想象去创设诗的情景。或在脑海中浮现诗的情景，或动手描绘出一幅色彩鲜明、层次井然的古代山水画。之后，再启发学生以画讲诗：秋天是肃杀的季节，面对叶枯花谢的残景，历代诗人多是吟诵着悲凉的诗句，但杜牧描绘的秋山霜林和“停车”观赏的情景无不充满着一股蓬勃向上的气息，诗歌写得既清新又富有生气。通过以画讲诗，让学生透过诗中展现的图景，去捉摸诗人的感情脉搏，体会诗人的感情波澜。学生既动脑，又动手，经过吟诗作画，以画讲诗层层深入的过程，自然就领会了这首诗的深远意境。

创设情境，还可让学生身临其境，体会诗的意境。这样的例子很多：在学《送孟浩然之广陵》时可问：如果你是李白，当“孤帆远影碧空尽，唯见长江天际流”时，你会想些什么？教《茅屋为秋风所破歌》时，可问：如果你是杜甫，你会怎样叱责那些“抱茅走”的小儿？学《石壕吏》时，可问：如果你是那位“逾墙走”的老翁，如果你听到了你老妻与兵丁的对话，哪些想法会让你心如刀割……

“作者胸有境，入境始与亲。”（叶圣陶语）教师要让学生懂得：只有把自己当作“意中人”，进入作者所创设的情境之中，和作者情脉相通，才能做到如见其人，如闻其声，才能深切地体会到诗人在各种境界中所抒发的真情实感，并与之产生共鸣，进而得到美的享受。

3. 自主开放，扩大探究空间

在近几年的课堂教学改革中，人们越来越重视启发性原则的应用，即在教学过程中避免教师一言堂，教师要恰当地创设情境，用带有启发性的问题一步步引导学生自己找到正确答案。这种教学方法的使用与此前的语文教学相比无疑更科学、更合理，但这还不是语文研究性学习所提倡的学习方式。按照研究性学习的方式，教师并不要求所有的同学都得出统一的结论。按照接受美学理论的说法，有一千个读者，就有一千个哈姆雷特，诗歌理论中有“所指”与“能指”的概念，就是要说明诗歌语言的多重解释功能，因此研究性学习必然是开放式的。这种开放式的教学方式就是让学生成为课堂学习的主人，更重要的是要让他们成为知识的探求者、发现者，所以教学过程中必须让学生积极进行思维训练，充分地表现自我。教师在课堂上努力做到问题由学生提出，思路由学生探索，方法由学生寻找，意义由学生概括，难点由学生突破，习作由学生点评。课堂上学生可以不举手就发言，学生学习的热情在涌动，学生的思维被激活，自我表现和交流的机会很多，成功的喜悦常常挂在他们的脸上。只要学生自始至终积极参与学习的全过程，他们也就真正成了课堂学习的主人。在诗歌阅读中可以让学生在自行朗读的基础上针对诗歌语言、内容、思想感情等方面提出不懂的问题，也可以设计一些核心问题。

4. 拓展迁移，培养人文素养

拓展迁移，把课堂教学的因素进行时空上的拓展，拓宽学生自主学习和独立思考的空间，保护和激发他们的创新思维，努力提高创造能力，为终身学习和适应学习型社会奠定良好的基础。全面提升学生的语文水平，激发兴趣，培养迁移能力，并试图让学生在精品咀嚼中陶冶情操，思索人生，构建完美人格，接受文化滋养，拓宽视野，培养全面素质。

第六节　如何在新课标精神的指导下，建立文言文教学的基本模式

文言文是一种传承祖国古代灿烂文化的载体，是古人留给我们的珍贵文化遗产。初中课本上所选的古诗文占教材30%左右。学习文言文，可增加学生的文化底蕴，培养语感和思维，提升精神品格。可是长期以来，文言文教学奉行“字字落实，句句串讲”的箴言，教法僵化，使学生日生厌倦之情。文言文的教学进入课改以后是最为混乱和困惑的，有的教师把它当工具书来上，有的教师把它当现代文来上，存在这些现象的原因很多，主要有两个方面：

前者缘于传统教学过于强调“工具性”，过于强调对文言语法的掌握，对实词、虚词的理解；后者只要求读读背背即可，源于对新课标“阅读浅易文言文……背诵优秀诗文80篇”的误解。

在新课标精神的指导下，文言文到底该如何教？

优化的策略

我们采用“自主、合作、探究”的学习方式，借鉴洋思中学“先学后教，当堂训练”的课堂教学模式，学习疯狂英语的成功经验，探索出“朗读感知—疏通文意—理解主旨—欣赏评

价—积累迁移”五环节课堂学习指导模式，收到了较好的效果。

1. 朗读感知

诵读法可以说是中国古代几千年语文教育最重要也最有效的方法。宋代朱熹理解的“诵读”，其意义是“真道学第一义”，其内容是“熟读精思”，其方法是：必须成诵。朱子的理论总结，确定了“诵读”在我国文言文教学中传统方法的地位，而当前深受学生欢迎的疯狂英语也给古文教学以有益启示。李扬认为中国人学不好英语的最根本原因是中国人的智慧都被浪费在无聊的语法分析、枯燥的单词记忆和自欺欺人的精读课文分析上了。他认为学说话就应像跑步练腿、学钢琴练手指头那样，要苦练嘴巴，苦练脱口而出。他强调学生要开口说英语，大声地念出来，最好是要到忘我的境界。这一适合于突破任何语言学习障碍的学习方法昭示我们，古文教学就要淡化语法、翻译，把时间花在指导学生多层次地反复读书上，“书读百遍，其义自现。”在琅琅书声中进入意境，诱发学生对文言文的阅读兴趣，使学生受到感染，潜移默化地融古今名句到自己的语言系统中去。

2. 疏通文意

这一步以学生自学为主。新课标明确指出：学生是学习和发展的主体，倡导自主、合作、探究的学习方式。洋思中学的“先学后教，当堂训练”课堂教学模式也给我们有益启示。它蕴含着先进的教学理念：教师的责任不在教，而在教学生学；“先学后教，以教导学，以学促教”，才能取得最佳的教学效果。运用新的学习方式，借鉴洋思中学的教学模式，先由学生自译，小组互译，最后老师就小组解决不了的重难点予以点拨。

在翻译过程中，充分发挥学生主观能动性，珍视学生个性化、差异性、创造性的理解，教师主要是发挥组织、引导、激励、点拨的作用，以学定教，点到为止，留有余地，让学生在自读自悟中提高文言语感。

3. 理解主旨

入选教材的古文都是文质兼美、篇幅短小的古代散文。新课标指出：正确把握语文教育的特点，重视培养良好的语感和整体把握的能力。我们提倡整体性阅读，把自主式阅读的理念引入课堂教学，注重文言课文的整体阅读效果，可或从点，或从线，或从面的角度发现课文中能够构成一个“集合”的知识板块，然后巧妙设计教学题，引导学生进行咀嚼、体味，从整体上去感受课文的美点及思想内容。教师还可营造一种“茶馆”式的课堂气氛，鼓励学生“质疑”，学生在学习过程中对文章的思想内容和写作风格等方面的疑问进行切磋、探讨、交流，教师再适时抛出一些挑战性的问题，使学生思维向更深更广的领域迈进，从而在整体阅读感受中体验学习文言文的乐趣。

4. 鉴赏感悟

选入教材的文言文，几乎都有极高的艺术价值，其用语之凝练、结构之精巧都非寻常文章可比。教师应在学生整体性阅读的基础上，指导学生含英咀华，逐步培养其审美趣味。鉴赏感悟的“感”，是反思，是感悟，是总结，是发现，是创造，它能将学生的思维导入更深更远的境界。可以采用以下几种方式：

（1）结合自身经历，体会文意文境。

（2）多读入境，感受文旨文情。

（3）撰写感想，交流感情体会。

5. 积累迁移

积累即指导学生背诵精彩的句段篇，增加语言积累，所谓“厚积薄发”就是这个道理。迁移即扩展、运用。教师以课文为中心，根据不同的学习重点，精心选择一些与文章立意、写作背景、语言风格等相似或相反的文章，构造一种辐射式的网状阅读系统。另外，根据古文特点进行语言运用训练，如仿写、改写、扩写等。积累、运用是学好语文的重要方法，古文当然也不例外。

在文言文教学中，我们尝试了五环节课堂学法指导模式，这一学法指导模式有助于发挥学生的主体作用，让学生在学习的过程中，积累越来越多的语言材料，也丰富了思维，能引导学生将所学的知识迅速地迁移、活用到习作中去，从而乐学、会学，学好文言文，提高文学素养。

在进行文言文朗读教学时，我们首先应尊重学生的普遍认知水平与认知规律，再就是应根据具体情况因材施教，避免固定模式、千篇一律，做到因人而异，因文而异，循序渐进。

注意的问题

1. 遵循认知规律

学生学习文言文应是由无到有、由浅入深、由表及里的。

从学年阶段来看，七年级的学生初学文言文，朗读文言文的能力几乎是从零开始，因此这时候需要有准确的范读示例及到位的指导，需要教师善于激发学生朗读文言文的兴趣。此时，绝不应迅即将学生引入枯燥无味的解释翻译中，让学生觉得文言文如同嚼蜡、艰涩难咽，而对学习文言文骤然失去了兴趣。到了八年级、九年级，教材中的文言文篇目增多，难度增大，知识掌握的要求也高了。但如果学生有了一定的文言语感，有了一定的朗读基础，在教学时就可以先让学生自主探究、交流探讨，在学生尝试朗读后教师再进行点拨指导。

从一篇课文的朗读，背诵训练的顺序及目的来看，一般是：听范读→仿读、试读（扫清读音障碍，初步明确音节停顿及语气语调）→理解读（明确读音、音节停顿及语气语调，理解字词句和文意）→入情读（读出抑扬顿挫、情感韵味）。

第一步，力求读准。一方面，因为文言文中有一些通假字及生字、难字的音较难读准，如《三峡》中“略无阙处”的“阙”读音为“que”，《小石潭记》中的“为坻，为屿，为嵁”等。另一方面，在语意多不明的情况下，往往句子的音节停顿较难判断。教学时可通过教师范读指导，或指导学生运用注释及工具书查明读音，使学生学会一般的停顿方法，如在长句中的主谓间、较长的动宾间、较长的附加成分与中心语间、较长的并列间停顿等。当然，最好的办法还是学生“书读百遍”，增强语感，这样一开口就能对文言文的音节停顿及语气、语调比较准确地把握了。

第二步，在理解字词句和文意的基础上力求读得畅达。教学时，教师注意指导及训练学生在进一步理解内容意义的基础上，在语气语调及重音上能更准确地表达出文章的思想。如陈述句要读得平缓，疑问句、祈使句语调上扬，感叹句语调降抑等。理解有助于学生对文言实词、虚词、句子翻译等文言文知识的掌握，在理解的基础上多读更是培养文言语感的重要环节。

第三步，力求能读出情韵。在理解的基础上，如果学生能对文章产生强烈共鸣，朗读时就能将自己的感情与文章感情融为一体，在朗读的艺术再创造中达到音、情、韵的和谐统一，产生美的艺术共振。这样一来，学生无论在知识的掌握上还是在自己的情感思想上都必将进入到一种更高的境界，作品的思想感情必将潜移默化地影响学生灵魂的净化、人格的形成。读《三峡》读出祖国河山之壮美；读“莲之出淤泥而不染”读出君子之高洁；读“先天下之忧而忧，后天下之乐而乐”读出忧国忘我之情；读“舍生取义也”读出大丈夫舍生取义的豪情……学生若能读出文言文之情韵，又岂止只是语感得到了加强而已呢？

若能有第四步，达到熟读成诵，进而有表情、有情韵地朗诵，那就达到了最高境界了。若要学生能达到熟读成诵，我们可以在课堂上对学生进行适当的指导，晨读时让学生多读多记。一般的背诵方法是让学生在理解的基础上先做到“口熟”，然后指导学生利用一些关键语句作为支撑点，并理清文章的思路，这样来背诵就会容易些。至于一些较长较难的文章，则指导学生分段、分小节来背。而要达到最高境界的朗诵，往往在课堂教学中难以做到，我们可以尝试通过展开文言文朗读竞赛来推进，因为时间的安排上我们可以灵活处理。

2. 方法灵活多样

从朗读、背诵的教学时间安排来看，课堂上可以主要进行读准、读流畅的指导训练，同时进行入情读及背诵的指导。晨读时，则可让学生在多读中自我体味、感悟乃至熟读成诵。一学年或一学期中，还可以适当地安排文言文朗读比赛，以推进学生的文言朗读、知识掌握、语感培养、人格塑造。此外，还应将学校教学与学生的校外生活联系起来，指导学生多听、多看、多读课外文言文作品，拓宽视野，加强训练，提高文言文朗读水平，增强语感，修养心性。

从课堂上的朗读形式来看，可以由教师范读，利用电教手段播放相应的优秀作品；学生齐读、分组读、个别读、自由读、比赛读；文章可以读全篇，也可以读精彩片段、句子等等。

从朗读材料来看，材料不同，朗读指导的侧重点也应有不同。故事性强的作品，如《赵普》《晏子使楚》《邹忌讽齐王纳谏》等，文中有生动的人物形象，有的还有对话，这样的作品，教学时可以指导学生揣摩人物心理，读出人物性格特征，进行分角色朗读或结合表演进行朗读等。这样一来，既可以激发学生的兴趣，又能让学生准确地理解文章的内容，培养文言语感。论辩性强的作品，如《读〈孟尝君〉传》《鱼我所欲也》《生于忧患，死于安乐》《马说》等，文中的论证思路明晰，文气畅达，运笔巧妙。朗读时，语气语调须一气呵成。这样的文章，就可侧重于语气语调、力度轻重的指导训练。写景抒情性强的作品，如《三峡》《小石潭记》《岳阳楼记》《醉翁亭记》等，文章在景物描写中寄寓了作者的思想情怀，因而在指导学生朗读训练时应注意让学生体味作者的心情来处理抑扬顿挫。有时还可以进行配乐朗诵。不同类型的作品，根据文章的特点恰当地处理好训练的侧重点，才能恰到好处地达到朗读训练的目的。

第九章　作文教学的优化

第一节　如何培养学生对作文的兴趣

作文教学是整个语文教学的“半壁江山”，但目前作文教学的现状是：一方面，教师忙于命题、指导，审题选材、布局谋篇、遣词造句，讲述得面面俱到、细致入微，花大量的时间去批改、讲评，疲惫不堪；另一方面，作为作文主体的学生却厌恶、反感、畏惧，或设法逃避，或为完成任务而挖空心思地去编造、拼凑，致使假话、空话、套话连篇。

究其原因主要有两个方面：一是教师没有真正尊重学生学习主体的地位，二是作文教学的方法欠缺。结果导致作文教学与学生的阅读、生活脱节，学生的写作能力不能得到很好的锻炼，久而久之，学生失去对作文的兴趣。

优化的策略

1. 尊重学生学习主体的地位，精心设计作文课堂教学，激发学生的表达欲望

语文课标强调：“学生是语文学习的主人。语文教学应激发学生的学习兴趣，注重培养学生自主学习的意识和习惯，为学生创设良好的自主学习情境，尊重学生的个体差异，鼓励学生选择适合自己的学习方式。”教师必须精心设计作文课堂教学，以激发学生对写作的热情和兴趣，驱动学生产生写作的欲望。

[案例]

突袭考试巧设作文情境

一、教师：同学们，今天我们要进行一次特殊的口头考试，以检测同学们对近期语文知识掌握的程度。这次考试成绩将算入期末评分内，希望同学们认真对待，争取优秀的成绩。

（班内气氛大变，异常紧张。有翻书临阵磨枪的，有双手合十祈祷的，有小声抱怨的，穷形尽相）

二、教师指名上台接受测验。教师应有意识地请较有代表性的学生上台，如特别滑稽的，特别腼腆的，以便于学生抓住人物特色进行写作。测试的题目难度应较大，以激发上台学生的“个性表演”。

三、教师：谢谢刚才几位同学的精彩表演！（众生疑惑）今天我们要上的是作文课。刚才的测验是老师设计的一个小环节，几位同学在不知情的情况下扮演了小演员的角色，给我们进行了精彩的表演，也给我们提供了最好的写作材料！

（学生恍然大悟，笑声四起，议论纷纷）

四、教师提示要将情绪的变化、心理活动及人物的神态、动作写具体。学生当堂作文。四人小组合作完成，每人一个片段分写文章各部分。教师同时进行当场写作。

五、各组学生朗读本组作文。教师朗读下水文。

六、全班评议师生作文，并修改。

七、允许各自回家成文。

学生的作文片段：

①老师今天是怎么了，忽然进行那么重要的考试，还是口头的，这下可死定了！老师啊，老师，您怎么那么“心狠手辣”，啊！

②上帝保佑啊！千万别抽到我啊！别点我，别点我……

③啊，居然是个骗局！老师你，你太……太狠了吧！

④原来老师的用意在这里啊！真是用心良苦啊！

这些生动活泼的学生语言字里行间充满了生活气息。这些发自内心的感叹，不正是我们一直期望看到的“真情实感”吗？从这则作文教学案例中我们可以看到创设生动的作文情境的重要性，同时也得到一些方法上的启示：

（1）让学生动情而有话可说

如根据学生的心理特点创设情境——抓住学生对测验的紧张心理，设计了一节特殊的作文课，使学生的情绪由惊诧、紧张到后来的恍然大悟，骤然放松。这期间有多少细微的心理及情绪的变化啊！更何况，“小演员”们在台上手足无措，紧张万分，或滑稽有趣，或腼腆害羞，“表演”何等精彩，这为同学们学习描写提供了最好的素材。

这样的作文课，又会有谁抱怨无内容可写呢？又还会有谁追着问老师得写多少字呢？感情的自然流露，使每个学生都灵感如泉涌，笔下生花，即使最害怕写作文的学生，都饶有兴味地写了很多。

（2）教师成为学习的典范

“老师和我们一起写！”这样的做法无疑使师生亲密地站在了一起。“教师朗读下水文。全班评议师生作文，并修改。”

教师的身体力行，甘当“靶子”，无疑激发了学生写好作文的热情。

2. 引导学生勤练笔

新课标指出：“为学生的自主写作提供有利条件和广阔空间，减少对学生写作的束缚，鼓励自由表达和有创意的表达。提倡学生自主拟题，少写命题作文。”练笔便是学生自主写作最好的体现，但在通常情况下，大多数学生对教师布置练笔从心里感到厌烦和反感。

以下列举几个培养学生练笔兴趣的“点子”，供老师们探讨借鉴。

（1）让学生与练笔交朋友

为何许多青少年甚至成人会有自己的日记本，只是出于兴趣完全自愿地常常在上面写写画画，而老师布置的练笔，却受到排斥？根本的区别就在于，日记是自由自在反映自我情绪、吐露心思的，而练笔却是需要“照顾”老师情绪的。前者为自己写，后者为老师写。当学生面对练笔本感觉到是面对教师时，当然无话可说了。

要改变学生面对练笔本的心理状态，教师首先要改变自己的“教师位置”。在练笔本里可以暂时尝试扮演“知心大姐姐”“知心大哥哥”的角色，理解学生的思想，包涵他们的幼稚，帮助他们解决学习生活中的烦恼，分享他们的快乐。当学生面对的是亲切和蔼的“知心哥哥（姐姐）”时，就会感到轻松自在很多，不会再有太多的顾忌，自然产生倾诉的愿望，从“无话可说”变成“有话要说”。同时，从对学生德育教育角度来看，这样的练笔更是一个发现问题、及时解决问题的好方法。其次，在练笔中放宽对学生遣词造句、布局谋篇的要求。

课标中拟定的中学生写作的阶段目标有这样一条："写作要感情真挚，力求表达自己对自然、社会、人生的独特感受和真切体验。"因此，关键是鼓励学生在练笔中表达真情实感，只要真情流露，就大大方方地打高分。如果用文字上过多的要求去限制学生，会使学生感到拘束。文学的功底不是一日两日就能形成的，长期自愿自觉地练笔会在无声无息中培养起学生对文学的兴趣，提高文学素养。

（2）帮助学生发现生活中的练笔材料

新课标指出："写作教学应贴近学生实际，让学生易于动笔，乐于表达，应引导学生关注现实，热爱生活，表达真情实感。"教师要帮助学生留心生活，发现题材。以下这些做法都是可行有效的：

①提醒。如及时提醒学生关注社会，关注校园生活中的热点、亮点，并及时组织学生交流看法，从而积累素材。教师也可将自己对生活的发现与学生交流，以自己的诉说与提问引发学生倾诉的欲望。

②示范。范文的来源当然很广，可以是优秀作文，可以是教师的下水文，也可以是班上同学的练笔。但我认为，后两种的效果最佳。因为，教师和本班学生写的题材，往往是大家比较熟悉的。即使很小，学生仍然会十分感兴趣。但须注意，在选择学生写的文章作为范文之前，应该征求小作者的意见，切不可将本不愿公开的秘密贸然示众，伤害学生心灵。

③写信。告诉学生，把练笔当成写信，写给老师，或者写给最知心的朋友的信。你想对老师或朋友说什么，就写什么。

④编故事。近年来，国外兴起了一种新的作文教学方法——故事创作法。苏联作文改革家拉德任斯卡雅教授对这种教学方法阐释说，这里的所谓"虚构"，"并不是无中生有，凭空捏

造，它同样是以实际生活作为根据，只不过不是完全重复某一真人真事，而是按照写作要求对各种真人真事经过选择取舍的加工，编写出一个新的故事。”这种教学方法的好处是：能调动学生写作的积极性，激励写作动机，让学生体验完成作品的乐趣；可以对学生进行自由想象的训练，还可以为学生提供有丰富内容的作文机会。

（3）让练笔成为师生交流的平台

我们在网络中会发现一个很有意思的现象：许多学生平时不爱说话，却喜欢在网络中倾诉；平时厌烦写作，却爱在BBS上“灌水”。仔细分析原因，有三：第一，网络是神秘的，可以用自己喜欢的网名发表作品，不用担心别人知道自己的心事，不用害怕别人嘲笑自己的水平，可以说自己想说的，写自己想写的。第二，在网络上，不管水平如何，只要愿意写，愿意贴，就有人看，可以从中体验到成功感。第三，发在BBS上的帖子，会有很多读者，他们会认真读你的作品，并发表看法，大家相互交流，让你从中感受到被尊重、被理解、被注意、被欣赏的快乐。

如果我们的写作也能有这些快乐，想必练笔也能成为学生的爱好吧。下面是一些尝试过的方法：

①聊天式批语。对学生练笔的批阅方式进行改革，将批语改成聊天式的语言。如学生写喜欢的歌曲或书籍，教师便可在批语中表示赞同，并随即推荐更多的好歌好书；学生写自己的烦恼，可表示理解，并介绍一些解决的方法；学生写对学校某个人或某件事的看法，教师就把自己的看法表达出来；当学生抄优秀作文应付或者编造一些老套题材的时候，就告诉他，教师希望跟他聊天，希望更了解他，建议他写出真实的事情和想法；当学生取得进步时，教师就用热情的语言表示自己的赞

赏……

②图画表情。借鉴腾讯QQ聊天工具上的“表情表达”方式，教师可在批语中用简单的几笔画上一个笑脸，或者难过的表情，或者生气的样子，或者尴尬流汗的脸……使批语更生动有趣。这样的批语缩短了师生间的距离，让学生感到老师的可亲和可爱，产生对阅读老师每一次批语的渴望，对练笔的兴趣自然也产生了。

③随机练笔。有的教师尝试对练笔方式进行了改革：采用不固定练笔本主人的方式。准备与班内人数相同数量的练笔本，封面不写名字。每次随意发下练笔本，学生可在自己随机拿到的本子上进行练笔，完成后可以署真名，也可以署假名或不署名。接着大家可任意拿班内的练笔本进行阅读，并可以在文后发表自己的看法和意见。教师参与其中，批阅后仍可对有代表性的练笔进行评点。

兴趣是最好的老师。当练笔本成为师生交流的平台，当师生的心灵在练笔本里碰撞，写作不再是一种负担，而成为师生间的一座桥梁，一种乐趣。叶圣陶曾说过：“作文的自然顺序应该是，我认识事物中有感，感情的波澜冲击往往有说话的愿望，便想倾吐，于是文章就诞生了。”因此，初中作文教学若能让学生有说话的愿望，并有话可说，那么，作文教学也就可谓成功了一大半。

第二节　作文教学中如何吸引学生的注意力，激发创作欲望

写作是一种创造性的思维活动，是学生语文能力的综合体现。在未来的社会实践中，写作能力直接表现出一个人认知事物的能力，其观察事物的敏锐，思考问题的缜密，思维角度的新颖独到均以语言表达的形式展示出来。所谓“才华横溢”，听、说、读、写，缺一而不完美。

长期以来，在中学作文教学中，无论是堂上作文还是课外练笔，从命题设计到认真批改，教师们颇费苦心，可是学生的反应往往令人失望，一提起写作，很多学生表示不感兴趣，而兴趣乃最好的老师，学之无味，学习自然成了一种负担。以往教师的作文命题主要是从自身的生活体验出发，把作文的要求强加于学生，给学生造成压力。

我们教学生作文技巧，教作文章法，可是学生苦于无材料可写，无真情可发，无具体内容可供调度，在一块贫瘠的土地上冥思苦想，“为赋新诗强说愁”，为取得“感人”的效果，甚至不惜编造父母双亡的故事，博取他人一掬同情泪，赢得教师笔下的高分。这样的文章不仅毫无价值可言，而且长期使用这样的手段将严重阻碍学生心理的健康发展。

优化的策略

我们要培养学生的语言表达能力，特别是书面表达能力，在强调构思新颖、语言流畅、文笔出彩的同时，必须要教会学生以有心人的姿态投入生活，多角度地观察、发现生活的丰富多彩，捕捉事物的特征，力求有创意地表达。作文教学，应该着眼于学生创造能力的培养，让学生根据自己的生活积累发挥创造性，自由地写作。重观察、重思考、重真情实感，要求说真话、说实话、说心里话，不说假话、空话。鼓励想象和幻想，鼓励有创意的表达。《语文课程标准》提倡根据个人特长和兴趣写作，力求有个性，鼓励自主写作，自由表达，有创意地表达。鼓励有独到的见解，敢于提出自己的看法，做出自己的判断。鼓励用适合自己的方法和策略学习。在发展语言能力的同时，发展思维能力，激发想象和创造潜能。逐步养成实事求是、崇尚真知的科学态度，初步掌握科学的思维方法，能主动进行探究性学习，在实践中学习、运用语文。

1. 指导学生积累素材

鼓励学生勤练笔，写日记或周记，及时地把平日所见所闻所感记载下来。还可以设置记事口袋，将每日有意义的事记在小卡片上，定期整理，筛选出有价值的材料。

2. 组织交流，启迪思维

向学生推荐优秀读物与同龄人的习作，带领学生阅读，教会学生从他人的生活体验中感悟人生，学习他人的思维方法与作文风格，研究比较其中的奥妙。经常性地与学生进行交流，交谈对人对事的看法，鼓励学生发表见解，欢迎争论，以小组讨论的形式阐发意见。适时引导，使学生形成正确的是非观、价值观；使学生掌握配乐朗诵的方法，鼓励学生配乐朗读自己的习作，体会其中的妙处，领会情感在写作中的作用，引发写作兴趣。

3. 化难为易，循序渐进

具体的作文教学中，不妨先从写句子入手。由句子到段落，由赏析到仿写，再到成为一篇文章，由易到难，循序渐进。

4. 自由命题与教师命题相结合

站在学生的立场设计题目，紧贴学生生活。标题要新颖，有较强的吸引力。

第三节　作文批改如何体现新课标精神

作文批改历来是值得探讨的话题。在传统教学中，学生的作文评分全在老师一念间。教师的评分标准难以跳出旧的观念，几十年几乎一成不变。无形的条条框框束缚了学生的思想，以致出现了不少病态作文，假的、虚的，无病呻吟。有的教师为了迎合这种评价观，设计了各类作文的“模式”，让学生往上套，虽然在短期内这样做见效快（仅对应试而言），但这对学生思维能力的发展是极为不利的。当然，在教学中，教师必须起主导作用，必须有明确的教学目的、严格的教学计划，必须有科学有序的教学内容，确保完成作文教学任务。而语文学习具有重情感体验和感悟的特点，文章的内在美靠美的情感来支撑。每个人有不同的生活体验，不同的感悟，正所谓“一千个读者眼中就有一千个哈姆雷特”，怎么能以一个模式来评价一千种情感呢？新课标对于写作的评价做了新的阐述，重视对写作过程与方法、情感与态度的评价，如是否有写作的兴趣和良好的习惯，是否表达了真情实感，对有创意的表达应予以鼓励。同时重视对写作材料准备过程的评价。通过评价引导学生通过观察、调查、访谈、阅读、思考等多种途径，运用多种方法搜集生活中的材料。由此可见，作文的评改应该有一个新的理念。改革，势在必行。

优化的策略

1. 分类讲评，突出重点，重在鼓励

讲评是指导学生学习写作的好方法。教师把学生作文按精彩开头、合理构思、细致描写、活泼（幽默）语言、经典哲理、真实情感……分成若干小块，集中讲评，每次习作根据学生特点重点讲某一方面的内容。注意鼓励学生，捕捉每个学生的闪光点，进行心理激励。

2. 分组讨论，互评互改

将学生按作文水平高、中、低分成若干小组，展示小组成员习作，进行评议，而后选出 1 ～ 2 名学生的习作拿到班上参加集体展示。这种展示可以是全文，也可以是段落。提出小组意见，要求评价的时候说出“为什么”。

3. 现场朗读，集体评议

教师选出当次优秀作文，请作者朗读，大家评议，也可选出水平不等的作文（作者保密）做比较评议。在这种讲评过程中，教师尤其要注意语言的艺术，不可采用奚落的态度，要用心、真诚。

4. 配乐朗读，激发兴趣

教师要求学生选出自己最得意的习作，在家中做配乐朗读练习，录成视频交作业。教师选出优秀的成品在班上展示，激发兴趣。

5. 人文性评语，体现教师关怀

教师评语要亲切，有诚意。多采用“你说呢”之类的语言。如：“这篇文章写得很不错呢。老师想，若能在心理活动描写方面加强些，人物的形象会更有说服力，你说呢？”

6. 定向练习，高分激励

可根据学生的具体情况，将作文的要求化整为零，降低难度，高分激励，循序渐进，引发兴趣。

第十章　口语交际教学的优化

第一节　如何帮助学生更有效地进行口语交流

新课标指出：“口语交际能力是现代公民的必备能力，应培养学生倾听、表达和应对能力，使学生具有文明和谐地进行人际交流的素养。”新课程中的口语交际课对培养学生的口语交际能力尤为重要，而在实际的教学中往往不被教师所重视，除了课堂利用教材进行一些说话训练，一般的情况下，中学课堂缺少专门针对学生口语的训练举措。主要原因是一些教师觉得时间紧，无暇顾及那么多，更由于缺乏各种灵活的口语训练方法而退却。因此我们觉得很有必要修正教师的思想认识，并要一同进行不懈的努力，探索一条适合实际需要的口语交际教学的路子。

1. 在游戏中训练学生说话

现代人在飞速发展的社会中面临越来越大的挑战，口语交际能力是必备的重要能力之一。国家新颁布的课程标准中对口语交际能力也提出了很高的要求。因而学习说话、学会说话对于很快将踏入社会的学生来说更是一件刻不容缓的事。

我执教的对象是一群来自农村的学生，他们大多胆小、羞涩，又加上口语中夹着浓重的方言，说起普通话来结结巴巴，或词不达意。所以我在训练普通话时首先引导他们要自信。美国曾有项调查：你最担心的是什么？约有 40% 的人认为当众说话是最难堪的事。著名演说家德摩斯鸠开始说话时也有严重的口吃。让学生知道了害羞、怯场不是某一个人独有的弱点后，无形中他们心理的压力降低了。接着鼓励他们让微笑成为习惯，在无人的角落，在镜子前反复练习，模拟当众说话的情态。肯定他们点滴的进步，捕捉他们说话时刹那的火花。在不断地努力、逐渐地进步中，学生被激发出进取的勇气，最大限度地挖掘自身的潜力。

夸美纽斯在《大教学论》中说："师傅并不用理论去阻留他们的徒弟，他们从早就叫他们去做实际的工作，比如从锻炼学锻炼，从雕刻学雕刻，从画图学画图，从跳舞学跳舞。"即主张通过实在的形式去学习，而不是空洞的说教。

《卡尔·威特的教育》中说："小猫戏弄老猫的尾巴则是为了发展它将来捕捉老鼠的能力，而小狗与老狗互相咬，也是为了发展它将来能咬死野兽的能力。"动物的生存技能都是在游戏中进行，可见游戏中蕴含的知识是无穷的。游戏的灵活性也是很强的，游戏对于学生又有很大的诱惑力。斯宾塞也说："游戏活动是身体幸福不能缺少的。"因而在教学中我由浅入深地开展了许多游戏，学生兴趣盎然，在愉悦中接受了训练。具体的游戏方式有：

创设情景。设计日常生活中实际的情境，在课堂内即兴表演。如买东西，打电话，在餐馆吃饭，同学聚会等。在这些情景中，又可以具体划分出不同内容，如"买东西"可以再设"商场买衣服”“书店买书”“超市买零食”“面包房买生日蛋糕”“街头买钥匙扣”等活动。由于内容与学生生活贴近，只需将生活语言转化为普通话，学生在这项活动中可以自由发挥，随意想象，只要符合情理即可。

故事接龙。全班分成几大组，从同一句话开始编故事，小组内的每个成员至少说半分钟以上，题材不限，神话、科幻、武侠、言情、寓言等。设置“语言最优美奖”“情节最曲折奖”“结局最出人意料奖”等。此项活动在集体合作的基础上又突出个人表现，让优秀的学生更精彩地发挥，让落后的同学也找到了进步的阶梯。

新闻发布。周末放假后采集报刊、电视中的奇闻要事，下周上课时随意请一两个同学发布。这个活动难度不大，只需剪接、组织一些材料，关键是为了让学生在生活中也感受普通话的存在。

击鼓传花。在活动之前，由学生提供10个左右的自由话题，要求思考成熟，准备好。音乐开始，花儿也开始传递，花落谁手，自然由谁说话，并确定下一个说话者的话题，如此传递下去。这种游戏改变了老师点将的呆板和举手说话的局限，同时有备而说也增强了自信心。

自由聊天。让学生天南海北地侃大山，唯一的规则就是：说普通话。老师随时加入监督，学生也相互注意，谁违反规则就来一次轻松的惩罚。此举是为了让学生转换普通话的语调，流畅自然地说话，而不是背书式或朗读式地说话。

即兴演讲。选择一些学生感兴趣的话题，同一话题要求每组内要有一个同学参加，来一场小型的演讲比赛，根据学生层次设定不同发言是否流畅，情态是否自然，有无激情等。

你问我答。轮流邀请同学作为嘉宾，其余同学向他提问学习、生活、为人之道等方面问题。这个活动锻炼学生的心理承受能力，增强他们的临场反应能力。

简易辩论。模仿辩论赛的模式，简化一些程序，只要求学生围绕主题，针对矛盾展开辩论。此举是为了训练说话的缜密性。

当然还有许许多多的训练口语的形式，一些还因教学中困境而设，因人而生。采取的这些形式是为了促使学生愿说、会说，至于在能说，即说话的艺术性方面涉及不多，也是出于学生素质的局限。教师在选择游戏时还须设定一些目标，否则游戏会流于形式，学生不仅没有受益，反倒养成懒惰的习惯。在有着游戏气氛的课堂，学生除了认真以外，还有一种由衷的快乐——才华的展现，观点的认同。正如苏霍姆林斯基所说："要使我们的每个学生选择这样一条生活道路和这样一种专业，不仅是供给他一块够吃的面包，而且能给予他生活的快乐，给予他一种自尊感。"在游戏中去获取知识，在知识中获得快乐，既提高了技能，增长了智力，又愉悦了身心，陶冶了情操。

2. 辩论中锻炼学生口语："狼"专题学习活动

在一堂"狼"专题学习活动的"课改"汇报课上，教者提出了这样一个问题：我们人类应该怎样对待狼？讨论以后，形成了两种观点：一是应该保护狼，二是应该猎杀狼。教师把学生分成正方和反方，要求同学们派出代表进行辩论，其余的同学站在自己支持的一方，在辩论赛结束后做出评判。两个代表队各四位同学，站到讲台两边，选出一辩、二辩、三辩、四辩，教者当主持人，进行辩论。出人意料的是，赞同保护狼的全是男生，赞同猎杀狼的全是女生。教者一声"开始"，双方就展开了激烈而有序的辩论，下面的同学全神贯注，听课的教授、专家以及众多的教师听得津津有味。男生“四辩”总结陈词时，讲了狼的十项优点，当讲到狼爱情专一，不像有些自称为人的动物拈花惹草时，全场哄然大笑，继而掌声雷动，气氛达到高潮。接着选下面的同学来发表自己赞同或反对的理由。这样以讨论形式展开的辩论，既注重了知识、能力，渗透了情感、态度、价值观，又全员参与，充分调动了学生的学习积极性。事实上，在平时的教学中，只要教师充分挖掘教材，是不难形成观点相反或相对的竞争局面的。辩论越激烈，讨论就越深入、越成功。

我们还可以随着课堂教学环节的推进，在阅读讨论中训练学生的口语能力，讨论也能因此向纵深发展：因为并不是一次讨论、一个问题的讨论就能解决课堂教学的主要问题，所以在围绕主要问题的前提下，展开一连串的追问，进行有层次、有梯度的讨论，就显得非常有必要。

历史上，孟子雄辩无敌，苏秦言动六国，孔明舌战群儒……他们凭借出色的口才实现了人生的理想、抱负。同样，当今社会也有些人舌绽莲花、纵横捭阖，着实让人羡慕不已。当今的时代是一个现代传声技术飞速发展的时代，口语交际再也不受时间和空间限制。一个人如果听别人说话而不能快速做出反应，就难以运用现代化信息手段，势必会在生活中遇到很多困难。口语交际能力的培养，已是刻不容缓，势在必行。交际，不是单纯地听和说，它是在具体的情景中人与人之间的动态的、多变的信息交流过程，学生要能很好地与别人沟通和交流，必须具备一定的表达能力和理解对方意图、及时调整自己的表达内容和方式、从容应对的能力。在《语文课程标准》中明确地提出了培养学生口语交际能力的目标，这个目标的提出适应了时代发展的要求，也是向教师和学生发出新的挑战。

于漪老师语重心长地指出，语文老师要有丰富的智力生活，语文老师最要紧的是功底，是视野，是驾驭力。所以语文老师不妨多看看《演讲与口才》之类的交际指导的书籍，多看看名师的课堂录像课。只有教师提高教育机智、教育艺术，才能更有效地帮助学生提高口语交际能力。

第二节　如何挖掘教材中有利于口语交际训练的内容，展开教学

与阅读、写作不同，口语交际具有现场性、流动性的特点，交际的对象、情境往往处于变化不定之中，所以说，口语交际教学的难度大，不易把握。教师在过去的教学中，往往只是教给学生基本的听说、交际的要领和方法，学生很难把这些方法灵活运用于真实的情境中。这其中的问题在于，缺少参照系，学生不知道到底应该如何进行口语交际活动，达到什么样的效果是最佳的。

目前，口语交际教学缺少必要的教学保障机制，口语交际教学似乎可有可无，课时往往被阅读课、写作课挤掉。安排一定的课时是口语交际教学的必要保障，也是口语交际教学走向良性进程的前提。此外，口语教学尚停留在“重视”“呼吁”阶段，理论研究薄弱，没有建立完整科学的口语交际教材体系，口语交际内容似乎只是语文教材的点缀品，被极不起眼地放在阅读、写作内容之后。仅有的一点听说训练，在训练要求上又笼统模糊，没有明确的细化目标和评价标准，使得教学无所适从。教师只好自己揣摩教材的用意以及要达到什么样的教学目标，教学随意性很强。除了要不断丰富口语教学资源外，教师亦可利用课堂资源，与课本保持同步，就地取材，给学生提供多样的话语环境，便于学生积极主动地参与学习。

让学生开口说话

语文是什么？日听、日说、日读、日写。

在初一阶段，我特别强调从基础做起，以听、说为重点进行语言训练。

因为语言往简单里说就是交际工具。如果不说，不运用，语言的这个功能就无法体现出来，而且从更高的角度来看，语言是人类文化的根基，说话流利的孩子，表达清晰的孩子，对知识的领悟力比别的孩子要强，在将来的社会竞争中会处在比较优越的位置。

所谓“言为心声”，语言训练与开启心智密切相关。我不仅要求他们讲真话，讲流利得体的话、朴实可信的话，还鼓励孩子们在语言中表现出自己独特的智慧与个性，其中偶尔闪现的幽默与机智更是可遇而不可求的灵光。当然，要使一个 50 人的班每个孩子都开口说话是困难的，但是至少其他的孩子可以听，可以讲出自己的话。

我的说话训练是跟课文保持同步的，往往就地取材，向四周发散，关注社会，关心生活，这样就可以保证我们的语言训练是活生生的语言，而不是死的语言。我一直认为，脱离生活、死抠课本的教学是死板的，也必然是失败的。我相信，活生生的语言对孩子们有着很大的吸引力。所谓“好之者不如乐之者”，不管在什么时候，也不管运用什么教学手段，培养学生对语言学习的兴趣，都被我摆在极其重要的位置。

说话训练的方式有多种：朗读、背诵、造句、讨论、讲故事等。朗读和背诵最终都服务于描述和表达，这两项也是语言教学中的保留曲目。其余几种方法也不是新的，关键是运用这些方法的过程。

概括起来，我的做法有以下几点：

1. 句式模仿

学习说话的第一步当然是模仿。初中生学习的句型句式在小学的基础上向复杂的句型过渡。如在《从百草园到三味书屋》中出现了“单是……就……”“就连……都……”这两种结构，孩子们可以模仿造句。多模仿几次，就会对这两种结构的意义和用法有比较准确的把握。这两个句式都是在一个较大的背景下，来强调后面的小的部分，有一种鲜明的衬托效果。

模仿中难免会出现波折，如在学生的作文中出现这样的俗语：“不知道表姐是什么葫芦里卖的什么药。”怎么办？发动同学一起来纠正。

有一次模仿造句练习，孩子们造出的句子千差万别，大出意料，引人深思。原例句是：“春天像小姑娘，花枝招展的，笑着，走着。”要求分别用“夏天”“秋天”和“冬天”造句。看看他们是怎么说的：

“夏天像园丁，管理着植物，让它们变得更加鲜绿；秋天像天气预报员，告诉人们要多穿衣裳，别着凉；冬天像清洁工人，扫着地，推着车。”（黄观望）

“夏天像个小男孩，把太阳当作手电筒来射我们。”（陈加明）

“冬天像一个老妇人，花谢叶落，哭着喊着。”（钟旭）

“秋天像顽皮的小孩，把所有的树叶都摇下来，边摇边得意地笑着。”（郭小滨）

“冬天像一个衰弱的老头，回顾着自己这一生的功绩。”（熊玉辉）

“冬天像一台大电风扇，呼呼地吹着大地，吹着，吹着。”（黄浩铭）

从这些句子中，我们能够发现一颗颗童心，而且每一句都是那么生动，那么可爱。我厌恶呆板，我喜欢他们无拘无束的样子。

虽然仿造的是朱自清先生的名句，但是大多数孩子不愿意亦步亦趋，他们发出了自己的声音。我热情鼓励他们，因为他们是对的。对这些天真无邪的孩子来说，现在还不是“戴着脚镣跳舞”的时候，要知道，他们学习语言才刚刚起步，过多的限制只会扼杀他们的积极性。此刻我所能做的依然是鼓励，鼓励！还是那句话：语文不要标准答案！

2. 即兴练习

创设语言环境，或者给出一个简单的提示，就可以进行即兴练习，差不多每一节课都可以有一点这样的训练。

比如今天天气不错，还有点风，就让孩子们主动描述自己上学时的感受。有的说“阳光灿烂”“阳光明媚”，有的说“阳光猛烈”，也有的说“阳光柔和”，等等，也有的是“为赋新词强说愁”，但大多数的确是自己的感受。孩子们的感受彼此有异，有时也会表达不准确。再鼓励一下，说复杂一点呢？吴辰熙同学（初一2班）已经思考成熟了，一鸣惊人地讲出一句：“柔和的阳光抚摸着狂风中的大地。”全班同学报以热烈的掌声。孩子们对语言多么敏感，同时又是多么内行啊！

还有一句也不错：“阳光穿透了我的心，使我感到了阳光的柔和与今天的美好。”（初一2班，田甜）我建议把“柔和”改为“慈爱”，孩子们表示赞同。

说风的呢？大家听下去。

“风像个发了狂的野兽，猛烈地袭击着行人，它要把人的头发全都吹乱，把所有人的眼睛都吹得睁不开。”（初一2班，樊玉芳）

“风是伟大的，今天，它将那酷热吹走了。”（初一2班，谷传伟）这一句也在班上激起了掌声，我想是因为“伟大”一词用得有点突然，把那些阅读经验有限的孩子们镇住了，很明显，他们中大多数人并没有见过这样的用法。

“凛冽的北风呼呼地刮着，在地面上刮起一阵又一阵的灰尘，似乎要把这大地上的一切一切都吞噬。”（初一2班，吴斯淇）

“阳光与寒风在高空中嬉戏，天空中不断传来它们的欢笑声。”（任小惠）

我最喜欢这最后一句。

在学习海伦·凯勒的《我的老师》的时候，初一的孩子们接触到了“爱”这个词。这是人生中必须面对的一个大问题，而10岁的海伦·凯勒正在试图理解这个问题。我也想听一听在这个信息时代，孩子们能够给出什么样的答案。

发言很踊跃，说法千差万别。

“爱是一种关怀。”这种说法在发言中比较多。

“爱应该是一种能够令人快乐的东西。”对了，没有爱，不一定就没有快乐，但是爱一定是能够让人快乐的。

“亲人之爱也许是因为血缘，朋友、师生之间的爱则可能是心灵在靠近。”（王典）这个孩子很善于分析问题。

“爱是一种赞美。”这个说法简洁而又独特。爱本身就是在赞美，比如“我爱祖国”“我爱妈妈”……

“爱是人对事物的追逐与欲望。”（谷传伟）

这个男孩有点深刻，少年老成，我想这不应该是爱的本意，但是这句话对所有的人都是一个有益的提醒。

“爱是纯真的。”也许因为现在满大街都是假货，孩子的心里有一点恐惧，一点担心，他提出的是一个自己的诚挚希望。爱当然只能够是纯真的，如果爱还有假的，那就太可怕了。那就宁愿不要它。

“爱，是人为了在激烈的竞争中取胜而建立的联盟。”（吴辰熙）他总是爱突发奇想，但是也很有意思。这个戴眼镜的男孩也很善于思索。

这一类训练主要是要设计好语言环境。要适合孩子的心理与生理特点，使他们有话可说而且想说出来。兴趣能够在其中起到极大的推动作用。

3. 句式比较

比较，是为了在许多相似的句子中做出最佳选择，学生对语言的感受力能够在这样的过程中得到培养与锤炼。

有一次讲到问句，我出了一个上句：“请你帮我到学校门口拿一封信。”要求孩子们答出下句。

简单的句式有：“可以。”“好啊。”“很高兴。”“不行。”“我还有事儿。”“这会儿我没空。”我进一步要求用问句来回答。

“我走不开，能让别人去吗？”

“请问，我可以说不吗？”这一句的效果非常好，班上响起了掌声。

“我怎么能不去呢？”问句也能够表示同意。

“我为什么要去？”

“难道非我去不可吗？”

当然，这里边有很多句子对人是不礼貌的，也就是说，孩子们很容易顾此失彼。这正是这个年龄段孩子的特点。在这里，他们大都是在玩味语言，忘记了具体运用的可能性。这就是另外一篇文章所要讨论的课题。不过，他们都能够从这些句子的比较中体会到问句句式的生动性和更为强烈的语气。

4. 复述转述训练

复述也是一个语言训练的好机会，这时候我提倡百花齐放，反对众口一词。要的就是一人一个答案，目的就是使每个人都得到说话的机会。在学习朱自清先生的名作《春》的时候。我要求孩子们给每一个段落列出小标题。参考书上给的是“春草图”“春花图”“春风图”“春雨图”“迎春图”。看看 13 岁孩子们的语言：

“春草茂、春花美、春风香、春雨漾、春望多”。（任小惠）

“可爱的草、美丽的花、温和的风、诗意的雨、希望的人”。（王典）

“春草初生、树花招蜂蝶、春风春声、春雨绵绵、春景春劲”。（樊玉芳）

这些短语都很美，因为他们觉得，这篇课文是美的，只有这样诗意的语言才能配得上它。以上所列的都是一些不怎么花费时间的训练方式，若要进行较长时间的训练，可以采用开故事会、演讲比赛、辩论会、朗诵比赛等形式，并且尽量争取让更多的同学参与进来，使每个人都能够得到训练机会。

有的孩子不愿意说话，那就可以先由老师命令，通过热烈的鼓励使之消除心理障碍，使之能够变被动为主动。这里边最大的问题也许仍然是要使所说的内容生动起来，能够引起大部分同学的兴趣。有了兴趣，就是一半的成功。而所有这一切的基础都有赖于老师的一颗赤诚的心，对孩子的爱与关心在教学工作中是一刻都不可或缺的。

如果至今还有人认为，语文只需教好课文、写好作文就可以了，那我是不能苟同的。语文的外延相当宽广，我们不能把它局限在课文内，只有向生活学习语言，才能够学到活的语言。如果一个孩子能够写好作文，那非常好，但如果仅仅会写作文，而不怎么会说话，在生活中不容易跟别人进行交流，那也是一种遗憾，这也是一种书呆子，这种情况我们见得还少吗？多年以前语文教育界就有人提出“言语回归”，“言语”即语言在生活中的运用方式，也就是说话。但是教学生说话却很容易被人认为太简单，或者认为没有必要而被忽视。所以我在这里再一次把它提到桌面上，以期引起大家的关注。

上面的例子充分利用教材，给学生创设了良好的课堂情境。

我们还可以根据教材内容，借助实物、图片、声像、表演、语言描绘等，创设一个个生动活泼的场景，让学生置身其中，乐而动情，进而情动而辞发。在口语交际课上打破封闭和僵化的教学模式，让学生多一些学习的自主权和自由度，创设情境进行有效训练，使之具备良好的说话习惯和初步的口语交际能力，然后在语文的其他课上，如识字、阅读课以及其他学科的课上加以训练和巩固，最后延伸到课外和校外，在社会实践和生活实践中获益。紧紧围绕语文教材中口语交际训练内容，挖掘教材中有利于口语交际训练内涵的因素展开教学，同时为扩大视野，鼓励学生多读课外书，充分利用班级图书角和学校图书馆。还可以利用大阅读课，由指导老师安排，一般以自由阅读为主辅以推荐读物、方法指导、阅读汇报、欣赏交流等。

第十一章　综合性学习教学的优化

第一节　如何搭建桥梁，引领学生进行综合性实践合作探究学习

语文综合性学习打破了传统的学科知识传授的课堂教学模式，呈现出学生自主选择、自由组合、主动探究的特征，这就容易导致教师指导作用的缺失，教师成为“旁观者”“局外人”。开放性的教师角色并不等于放任学生自行学习而教师“作壁上观”。在教学过程中，我们发现有的教师在综合性学习的教学过程中过于“开放”，除了为活动做了个开场白和小结外，其余时间都让学生自由发挥。这种“放牛”式的教学后果是：学生活动得不到正确的指导，使综合性学习处于放任自流状态，从而降低了综合学习的质量，学生难以从活动中得到预期的锻炼。

导致这一现象的原因，主要在于开展语文综合性学习的实践中，一些教师基本上没有摆脱以往“语文课外活动”的思维框架和活动模式，还局限于对某一技能的活动演练，对“课表”的要求定位模糊。其实，学生的主体作用和教师的主导作用不

是矛盾的，而是相辅相成的，学生的学习体验和生活体验在教师教学的启发、诱导下会得到深化和升华。教师的指导作用一旦隐退，就很难保证语文综合性学习达到的预期目标。学生学习的自主选择也需要教师提供咨询和导向，以确保学生学习优势和特长得到更好的发挥。语文综合性学习应自始至终贯穿教师的引导，一方面学生能在引导中更加明确“自主、合作、探究”的学习方法；另一方面，教师在学习过程中“学习伙伴式”的引导更能发挥语文教学的人文性。

优化的策略

1. 精心设计学生的活动

综合性教学要以学生的活动为主线，激励学生主动参与，主动实践，主动思考，主动探索，主动创造。因此，精心地设计各种活动，特别是以师生、学生互动的活动为主要形式，组织活动，让学生充分动起来，个体与群体活动相配合，使学生的各方面能力得到充分的发展。

2. 走向生活，注重过程与体验

综合性学习是学生通过协作共同完成学习任务的集体活动，是培养团结合作精神的重要途径。在这个过程中，要联系生活，尊重学生的独特体验，不强求一致。这里学生的自主性和教师的指导作用并未消失，而是在如何发挥上出现了一些新的方式和特点，教师要指导学生对综合性学习进行评价。学生的生活是丰富多彩的，包括家庭生活、学校生活、社会生活等。富有挑战的生活不仅能激发学生的学习兴趣，而且还能让学生获得探究空间，促使学生在更复杂的水平上理解生活。

[案例]

"电脑公司招聘大会"登堂入室

济南市十九中语文老师张晓梅认为，生活犹如浩瀚无垠的海洋，蕴藏着丰富的智慧和宝藏。所以语文教学没有理由把生活拒之门外。学习主体富于想象和情感，是集生活、学习、审美为一体的完整的活生生的人。语文教师就是经由语文教育去实现学生人生价值的富有创造性的专业实践者，语文学习则是这一个个生命个体所进行的具体而又丰富的生命活动。而生命的本源就是生活，语文教学的生命力也来源于生活。因此，在生活中学习语文，应该成为语文课程的重要组成部分。于是，语文综合活动课堂而皇之地登上了张晓梅老师语文课教学的大雅之堂。

"电脑公司招聘大会"便是张晓梅老师上的一堂颇具特色的语文综合活动课，她的学生赵磊和宋禄楷同学向记者述说了"招聘"的整个过程——黑板上写着赫然入目的"电脑公司招聘大会"八个大字，墙壁上则贴着充满创意的各种电脑公司的宣传海报。张晓梅老师"摇身一变"，竟成了一个多栖之人：一会儿是沉着冷静的招聘大会的总负责人"张总"，一会儿是"狡猾""世故"的冷饮摊小贩，一会儿又成了笑容可掬的主持人。学生们也分别扮演了不同的角色，5人系应聘人员，4人为负责打分的评审团代表，1人为负责协调的人力部长，其余均为来自各大电脑公司的董事长和经理。课桌椅的排列也一改常规，分两行呈马蹄状围绕着中心发言席。

招聘活动拉开帷幕之后，第一，一分钟陈述。"应聘者"言简意赅地介绍个人简历、特长、业绩等情况。对于语言新颖、富有创意的"应聘者"，"评审团"不但打了高分，还进行了精彩的评点。

第二，两分钟演讲。主持人首先提出要求："对一个企业的发展来说，人才、机遇、财富都是至关重要的，如果你是电脑公司的总裁，你将把哪个因素放在首位？""评审团"给观点明确、有理有据且仪表大方、表达清晰的"应聘者"打了高分，做了评点，同时，还淘汰了两名略逊一筹的"应聘者"。

第三，问题情境。三位脱颖而出的"应聘者"在冷饮摊买了一瓶饮料，但刚喝了两口，就发现里面有一根头发。他们在维护自己的权益方面，与扮演冷饮摊摊主的张晓梅老师进行了唇枪舌剑的较量。摊主的随机应变，学生的机智敏锐，将"应聘活动"推向了高潮。

第四，"评审团"宣布决定。聘请何人作为员工，适合哪种岗位，令人信服。

第五，四人一组拟写聘用启事。

第六，宣读聘用启事。

上面这个案例充分地说明了语文与生活的联系。在张晓梅老师看来，体验才是语文教学最具功能的教学方法。在特定的生活情境里，它会"于无声处"使学生在心灵深处滋生出人文精神。于是，语文活动课就成了通向生活的桥梁。张晓梅老师将这一体验分解成阶段目标，进而实现语文与生活的融合。

张老师把常规教学中的听说读写能力的培养，巧妙地渗透在"应聘程序"的六个环节中，训练了同学们当众演讲的能力，发表观点、意见的能力，观察、分析问题的能力，应用文写作的能力等。同时，同学们更感受到迎接挑战的快乐以及师生间、学生间民主交流的快乐，体验到竞争与合作解决问题的乐趣，产生了对充满机遇、充满挑战的未来社会的向往心理。在整个活动中，教师的角色变了，职能也变了，同学们的地位变了，知识的呈现方式变了，学习的环境、氛围变了。

第二节　如何引导学生在语文综合性实践活动中进行成果交流

《语文课程标准》指出：语文实践活动是一种以活动为载体，以学生为主体，以学习语言、形成语言为内容，以全面提高学生语文素养为目标的实践活动，实践性与主体性是它最大的特点。语文实践活动能增长学生的知识，拓展学生的视野，增强学生的能力，提高学生的综合素养。语文实践活动是将已有的语文知识技能在实践中应用，又在应用中获得新知，提高能力的过程。它作为教学活动的一部分，与教学活动相辅相成，缺一不可。但在此实施过程中，教师感到最主要的困惑是让学生放手学习、研究后，失去了整齐划一的统一作业后（如课外阅读是比较难以监测的），学生无目标、无计划、无方法，也就无动力。所以，这种活的教学有可能潜伏着学生不学习的问题，这给进行语文综合性实践活动带来一定的阻碍。

问题的存在主要是学生不注意观察生活，对身边的事物留心不够造成的。教师应该教会学生积累生活中的观察，教会学生大量阅读，注重收集阅读信息。给学生制订学习研究的目标，教给方法。定期在活动中让学生充分展示其成果，在交流中创造机会，使更多的学生通过各种途径获得学习的快乐与成功的愉悦，进而爱上学习本身。

优化的策略

1. 把时间和空间还给学生

综合课程或实践课程是力图实现所有课程的整合，其目标是培养个性健全的人，把学生视为“完整的人”，把“探究性”“创造性”“发现性”等视为人的本性加以尊重和发展。综合性学习的过程是积极的、有意义的学习过程。提升学生的语文素养是学好语文以及其他课程的基础，也是学生全面发展和终身发展的基础。

只有把时间和空间还给学生，才真正落实了学生的主体地位，才有可能是自主学习。给学生独立思考的时间，让学生通过自己的学习、探究获得知识。没有独立思考就进行合作学习，合作学习将流于形式，质量不高，而有准备的讨论交流，才是高质量的交流。

2. 给每个学生以同样的表现机会

表现是一个人实现发展的途径。学生就是在一系列行为表现的基础上获得发展的。让学生获得主动表现的机会，他们的学习热情会被调动起来。同学之间可以交流在学习过程中的体会和经验，相互学习，互通有无。大家将学习成果以各种形式共同展示出来以互相分享。学生通过交流、合作，与同学们分享成果，充分享受到成功的快乐。